本书为湖南省协同创新中心

"洞庭湖生态经济区建设与发展——人文洞庭"

（湘教通〔2015〕351号）成果

新时代师范教育

门外谈

魏饴 著

O

N

TEACHER

EDUCATION

I

T

H

N

E

NEW ERA

社会科学文献出版社
SOCIAL SCIENCES ACADEMIC PRESS (CHINA)

魏 饴

原名魏怡，1958年生，湖南省石门县人，中共党员，博士，二级教授，湖南省教学名师。1993年起享受国务院政府特殊津贴。历任湖南文理学院副校长、校长、校党委书记。现为教育部高等学校中文类专业教学指导委员会副主任（2018~2022年），国家精品资源共享课程"文艺鉴赏学"主持，国家"文艺学系列课程"教学团队主持。

弁　言

党的十八大以来，立国以教育为本、教育以师范为本已成为我国一项全民认同的基本国策。特别是随着 2018 年《中共中央国务院关于全面深化新时代教师队伍建设改革的意见》的颁发，师范教育举办高校和机构无不感到使命重大，任务艰巨；师范教育"边缘化"状况即将结束，新时代、新师院、新师范的崭新局面已经开启。在这样一个令人振奋的背景下，笔者作为一个长期从事大学师范教育的普通工作者自然也有不少感想期望和大家交流，这是撰写本著的初衷。

本著分为三个篇章。第一篇章谈教师自我修养，主要从教师和学生个体角度回答新时代师范教育自我修养新期待。以师德修养为中心，以核心价值观培育和教学艺术修炼为两翼，对教师自我修养进行了重点阐述。

第二篇章谈新师范建设与基础教育师资培养培训，从中外古今大视野、师范教育举办者整体角度，主要阐述新师范教育发展的应有方向与担当，以及师范教育、人文教育和学科教育的关系和实施。第三篇章谈中学语文教学与研究，从专业个体角度重点回答中学语文阅读与写作教学问题。其中的《中国大陆中学语文教学概说》，在台湾《国文天地》发表已近30年，本著将其原文收录重在说明中学语文教学的基本问题没有改变，其对新师范语文教学研究仍有参考价值。

本著名为《新时代师范教育门外谈》，所谓"门外谈"者，并不是谦辞。虽然笔者博士学位专业就是教育学，又一直在大学从事师范教育与管理，而且还出生在一个书香门第，父母亲都是中学教师，但在当下这个新时代，师范教育究竟应当如何发展，确有很多新问题、新情况，需要我们解放思想，大胆摸索。因此，本著所谈很可能不成熟，权当一个门外者的粗浅思考。

魏 饴

己亥处暑后三日于白马湖畔

目 录/CONTENTS

教师自我修养

新师范建设与基础教育师资培养培训

中学语文教学与研究

教师自我修养

"筑梦人"

——教师品德新期待

一 "师德"探源

"师德"即"教师品德"或"教师职业道德"。"师德"系偏正结构词，其中心在品德、道德，它是指教师应有的道德和行为规范，是全社会道德体系的有机组成部分。

我国史籍记载，还在尧舜上古时代，即有"成均"——类似于现在的学校，兼做养老、藏米之所——将那些经验丰富、知识渊博的老人集中起来敬养，并赋予他们教育下一代的责任。

夏朝开始，即有名为"序"之类的施教机构，直到商代才出现正式的学校。至西周立国初，政府实行"学在官府"。春秋私学产生后，"师"的单独使用才有了教师的意义，战国后成为常用词。比如《论语》："温故而知新，可以为师矣。"说到《论语》，就不得不提儒家之祖——孔子。孔仲尼的家庭成分为"士"。"士"代表着中国的第一代知识分子和第一代教师群体，尽管他们只是流动的、兼职的教师。孔子一心想将自己的学说发展壮大，首创私学，日后在中华大地盛行的私塾皆因此而生。孔子可谓私学鼻祖，人们称颂其为"万世师表"，一点都不过分。

"师"的名称，在夏、商、周时就有了。甲骨文中有"文师"之称，系我们见到的最早的"师"字。后来，西汉董仲舒用了"师"一词；司马迁《史记·太史公自序》云："国有贤相良将，民之师表也。""师表"一词，已明确透露出当时人们对教师表率作用的重视。

古有所谓"天地君亲师"这句熟语，充分表明教师在人们心目中的位置相当崇高。这个评价，正是基于教师拥有高深学问和尊贵品格而立论的。从"师"与"德"词源以及相关典籍追溯，我国古代之所谓"师德"，其内涵是随着教育的发展而不断发展的，当然也包含人们对教师的殷切期盼。具体来说，主要包括"明辨""表率""责任""博学"这四个关键词。

春秋以前，提倡"师德"倾向虽已出现，但很不系统，往往夹杂在政治道德中。春秋时期，孔子办私学，创立了许多有关"师德"的理论，并以《论语》一书集中反映出来。其中较为著名、对后世影响较大的有以下两种。"默而识之，学而不厌，诲人不倦，何有于我哉？"体现了有关"责任"担当的师德。"其身正，不令而行；其身不正，虽令不从。不能正其身，如正人何？"体现了甘为"表率"的师德。此外还有热爱学生、有教无类、不耻下问、知过能改、因材施教、循循善诱等有关"师德"的著名言论，形成了我国教育史上第一个"师德"规范体系。

百家争鸣时期，荀子、墨子、孟子等进一步发展了孔子"师德"体系。如荀子在推崇教师要以身作则的同时，又提出教师须具备四个条件："尊严而惮""耆艾而信""诵说而不陵不犯""知微而论"。① 实际上是从德行、信仰、能力、知识等方面对教师提出更高修炼要求。汉代董仲舒则将"三纲五常"作为"师德"之核心，还说"善为师者，既美其道，有慎其行"②，指的就是善于当老师的人，不但他的道义很完美，他的言行也很审慎。唐代韩愈更是将虚心好学作为师德之首位而提出，云："弟子不必不如师，师不必贤于弟子，闻道有先后，术业有专攻，如是而已。"③ 宋元明清又对"师德"做了进一步发展。《中庸》第二十章云："博学之，审问之，慎思之，明辨之，笃行之。"南宋朱熹又作《中庸章句》，把《中庸》和《大学》、《论语》、《孟子》并称为"四书"。宋、元以后，《中庸》成为学校法定教科书和科举考试必读书，对古代教育产生了极大的影响。实际上，这里《中庸》所谈的就是有关教学的五个方面，不管是学习书本知识，还是学习某种技能，都得经过反复训练才能完成。因此，"博学""审问""慎思""明辨""笃行"又被朱熹等作为教师的

---

① 《荀子·致士》。
② （汉）董仲舒：《春秋繁露·玉杯》。
③ （唐）韩愈：《师说》。

主要道德予以倡导。

二 师德首重"明辨之"

从朱熹开始，人们一般将"博学""审问""慎思""明辨""笃行"视为"师德"之重要范畴。"笃行"，与另外四个步骤合起来看，即强调身体力行，将理论与实际相联系，是一个突出把所思所得"外化于行"的过程。然而，"笃行"之前须有一个扎实有效的"学问思辨"的过渡。其中，"明辨之"又最为关键。

须知，"学问思辨"与"身体力行"之间并不是一个单向前进的顺序，还常常伴随反向促进、循环递进的情形。一方面，学以致用；另一方面，学用相长，用以促学，学无止境。这种良性循环，前提是"博学之"，即现在我们经常提倡的"学习型人生"和"终身学习"，重点在"明辨之"。

"明辨"，就是明晰地辨认我们所学的知识、我们思考的内涵，明确其到底属于哪个方面。如知识有历史的，有天文的；按科别而言又有理科、工科与文科之分；从德行上来讲还有真的、善的、美的，也有假的、恶的、丑的。我们对于所学知识当然就得进行明确的分辨，弄清何为主，何为次，何为阴，何为阳。我们通过细致的辨认才能把我们所学内容进行有序排列，也使我们的心灵更加有次序。陶行知在《我们对于新学制草案应持之态度》中说："我们对于国外学制的经验，应该明辨择善，决不可舍己从人，轻于吸收。"① 这只是一个案例。学问越辨越明，不辨而所谓"博学"就会鱼龙混杂，真伪难辨，良莠不分，学无益处。

如何"明辨之"？无非以下两条。

第一，认真学习师德理论，树立人民教师道德的理论人格。有了它，才能辨别善恶和是非，才能在自己思想领域里战胜那些错误的、落后的道德观念。一方面，我们应不断从马列主义、毛泽东思想、邓小平理论、"三个代表"重要思想、科学发展观以及习近平总书记相关系列讲话中汲取精神营养，提高认识，树立科学的世界观、人生观和价值观，树立远大的社会理想；另一方面，学习优秀教师的先进事迹，以优秀人物为榜样，取长补短，进而不断升华自己的师德境界。要像古人说的那样，见贤思齐，见不贤而内自省，这样就一定会有益于师德品质的养成。

第二，实践是检验真理的标准，也是道德修养的基础，应勇于实践。马克思主义认为，人们只有在改造客观世界的过程中才能更好地改造自己的主观世界。在实践中进行教师道德修养，是教师修养的根本办法。事实证明，教师只有在教育教学实践中，在处理师生之间、教师之间、教师与家长及教师与社会其他成员之间的关系中，才能更好地认识到自己行为的是非善恶，才能培养自己良好的师德品质。如果只是"闭门造车""坐而论道"，那么教师道德修养就永远是一句空话。

---

① 陶行知：《我们对于新学制草案应持之态度》，《新教育》1922 年第 2 期。

三 新时代"师德"新诉求

在社会主义条件下，教师是工人阶级的一部分，是人类灵魂的工程师，肩负着培养共产主义事业接班人的光荣任务。社会主义时期的"师德"诉求与以往相比，既有批判继承，也有时代新发展。党的十九大报告提出新时代、新思想、新目标、新征程的理念，作为教师，自然应顺应时代潮流，赋予"师德"更多、更充分的时代担当和历史特色，使其成为最先进、最高尚和最全面的"师德"。

习近平总书记在党的十八大以后有关教育的多次讲话中，反复重点提到为人师表的师德要求。2013 年教师节，他给全国广大教师写信时，即提出教师要"学为人师、行为世范，做学生健康成长的指导者和引路人"[①]。2014 年习近平总书记在视察北师大时指出："师者，人之模范也。"[②] 2016 年教师节前，习近平总书记在北京八一学校考察时提出，教师要做"四个引路人"，首先是"要做学生锤炼品格的引路人"[③]；2016 年 12 月，习近平总书记在全国高校思想政治工作会议上进一步指出："教师不能只做传授书本知识的教书匠，而要成为塑造学生品格、品行、品位的'大先生'。""教师要成为学生做人的镜子，

① 《十八大以来重要文献选编》（上），中央文献出版社，2014，第581页。
② 习近平：《做党和人民满意的好老师：同北京师范大学师生代表座谈时的讲话》，人民出版社，2014，第7页。
③ 新华社记者：《努力培养出更多更好的人才——习近平总书记在北京市八一学校考察时的讲话引起热烈反响》，新华社北京2016年9月9日电。

以身作则、率先垂范，以高尚的人格魅力赢得学生敬仰，以模范的言行举止为学生树立榜样。"① 2018 年，习近平总书记到北京大学考察，更是明确要求："师德师风建设应该是每一所学校常抓不懈的工作，要引导教师把教书育人和自我修养结合起来，做到以德立身、以德立学、以德施教。"②

教师是教育的根本，师德是教师的灵魂。根据习近平总书记关于教师应"教书育人""立德树人"的总体要求，引导教师为人师表，不断提升人格修养和学识修养，努力建设一支师德高尚、业务精湛、结构合理、充满活力的中小学教师队伍，是当下基础教育的根本任务。教育部专门颁发了《教育部关于建立健全中小学师德建设长效机制的意见》（教师〔2013〕10 号），以社会主义核心价值体系为引领，充分尊重教师主体地位，大力弘扬高尚师德，切实重点解决近些年出现的突出问题。文件从七个方面对建立健全中小学师德建设长效机制进行全面部署：一是创新师德教育，引导教师树立远大职业理想，并将师德教育纳入教师教育课程体系；二是加强师德宣传，营造尊师重教社会氛围，明确要求教育行政部门和学校把师德宣传作为重点工作；三是严格师德考核，考核不合格者年度考核评定为不合格，并在教师资格定期注册、职务（职称）评审、岗位聘用、评优奖励和特级教师评选等环节实行一票否决；四是突出师德激励，完善师德表彰奖励制

---

① 《习近平同志在全国高校思想政治工作会议上的讲话》，《中办通报》2016 年第 31 期。
② 习近平：《在北京大学师生座谈会上的讲话》，人民出版社，2018，第 9 页。

度，将师德表彰奖励纳入教师和教育工作者奖励范围，促进形成重德养德良好风气；五是教育行政部门和学校要建立健全师德年度评议制度、师德问题报告制度等，强化师德监督，有效防止失德行为；六是依据有关法律法规和《中小学教师职业道德规范》，建立健全违反师德行为的惩处制度，坚决遏制失德行为蔓延；七是建立师德建设领导责任制度，地方各级教育行政部门主要负责人、中小学校长要亲自抓师德建设，学校教代会和群团组织紧密配合，形成加强和推进师德建设合力。

《中小学教师职业道德规范》系1997年由国家教委和全国教育工会联合印发，后又经过几次修订。现行《中小学教师职业道德规范》共六条。

一是爱国守法。热爱祖国，热爱人民，拥护中国共产党领导，拥护社会主义。全面贯彻国家教育方针，自觉遵守教育法律法规，依法履行教师职责权利。不得有违背党和国家方针政策的言行。

二是爱岗敬业。忠诚于人民教育事业，志存高远，勤恳敬业，甘为人梯，乐于奉献。对工作高度负责，认真备课上课，认真批改作业，认真辅导学生。不得敷衍塞责。

三是关爱学生。关心爱护全体学生，尊重学生人格，平等公正对待学生。对学生严慈相济，做学生良师益友。保护学生安全，关心学生健康，维护学生权益。不讽刺、挖苦、歧视学生，不体罚或变相体罚学生。

四是教书育人。遵循教育规律，实施素质教育。循循善诱，诲人不倦，因材施教。培养学生良好品行，激发学生创新精神，促进学生全面发展。不以分数作为评价学生的唯一标准。

五是为人师表。坚守高尚情操，知荣明耻，严于律己，以身作则。衣着得体，语言规范，举止文明。关心集体，团结协作，尊重同事，尊重家长。作风正派，廉洁奉公。自觉抵制有偿家教，不利用职务之便谋取私利。

六是终身学习。崇尚科学精神，树立终身学习理念，拓宽知识视野，更新知识结构。潜心钻研业务，勇于探索创新，不断提高专业素养和教育教学水平。

以上六条基本内容继承了我国优秀师德传统，同时又充分反映了新时代经济、社会和教育发展对中小学教师道德品质和职业行为的基本要求。例如，以上六条首次加入"保护学生安全""教书育人""关心学生健康""激发学生创新精神""终身学习"等，这些都是结合时代要求，与时俱进提出的新要求。

整体而言，新时代"师德"新诉求包含以下几点核心理念：一是"爱国守法"——教师职业的基本要求；二是"爱岗敬业"——教师职业的本质要求；三是"关爱学生"——师德的灵魂；四是"教书育人"——教师的天职；五是"为人师表"——教师职业的内在要求；六是"终身学习"——教师专业发展不竭的动力。

四 经师—人师—筑梦人

古人云："不能正己，焉能正人？"世界上没有任何职业像教师这样要求严格，当然也没有人能像教师一样对学生整体的思想和行为产生深远的影响。一日为师，一世楷模，以及以身作则、立德垂范、为人师表等，均是"师德"题中应有之义。

韩愈在《师说》中讲："师者，所以传道授业解惑也。"他把"传道"放在教师工作之首位，然后才是"授业解惑"。"传道"，即教给学生做人的道理，关注学生的情感、态度、价值观的养成，进而促使学生形成良好的品德、正直的个性、丰富的情感，以及完美的人格。这样的人，才能把所学的知识正确运用到社会实践中去，才能为人类社会造福。"授业解惑"，则是将其精湛的专业知识传授给他人。传道者是人师，授业解惑者是经师。经师重在以传授某种专业技能为目标，而人师则以塑造完整的人为目标，以自己的德、才、情给学生以潜移默化的、终身受益的影响和感化。

"经师"教学问，"人师"教做人；"经师"重技能，"人师"重品行。古人所谓"经师易得，人师难求"，说的就是"授业解惑"并不难，难就难在能以其高深学识和高尚人品修养去教人如何做人。习近平总书记指出："一个优秀的老师，应该是'经师'和'人师'的统一，既要精于'授业'、'解惑'，更要以'传道'为责任和使命。"① 这里，习近平总书记为我们深刻阐述了"经师"

---

① 习近平：《做党和人民满意的好老师：同北京师范大学师生代表座谈时的讲话》，人民出版社，2014，第5页。

与"人师"的关系，对于教书育人来说，"经师"固不可少，而"人师"更为重要。

在21世纪的今天，教师作为教化万民、培育万代，推进社会承前启后、继往开来的"人类灵魂的工程师"，其"人师"的担当自然更为不易，任务将更为繁重。教育家陶行知先生说过："在教师的手里操着幼年人的命运，便操着民族和人类的命运。"[①] 当下，中华民族伟大复兴的浪潮正一浪高过一浪滚滚向前，作为人民教师，我们理应以好老师的标准严格要求自己，努力加强师德修养和业务提升，用行动担当起责任使命。习近平总书记指出："今天的学生就是未来实现中华民族伟大复兴中国梦的主力军，广大教师就是打造这支中华民族'梦之队'的筑梦人。"[②] 不论学生还是教师，我们都是"筑梦人"。

一个好老师，会明确意识到肩负的国家使命和社会责任，自觉为打造中华民族"梦之队"的"筑梦人"而奉献毕生精力。"筑梦人"就是当下学校教师最新最美的代名词，它比以往"经师""人师"的含义更丰富、意象更生动、预期更宏伟。

五 "师德"修炼之路

"师德"修炼，通常表现在教师道德认识、道德情感、

---

① 陶行知：《地方教育与乡村改造》，《陶行知全集》第2卷，四川教育出版社，2005，第352页。

② 习近平：《做党和人民满意的好老师：同北京师范大学师生代表座谈时的讲话》，人民出版社，2014，第14页。

道德意志、道德信念、道德行为、道德习惯等几个方面。如果再进一步凝练"师德"之精髓，则可以用"师爱为魂，学高为师，身正为范"概括其要义。"师德"修炼之路即由此打开。

（一）师德修炼的灵魂是师爱

爱是教育的灵魂，没有爱就没有教育。其一，这种爱体现在全面保护学生安全。绝大多数中小学生是未成年人，教师自然负有保护之责，这也是《未成年人保护法》等法律法规的具体化。它要求教师注意加强对学生的安全教育，落实各项安全措施，防范学生的危险行为，并能在遭遇突发事件时给学生切实有效的帮助。其二，从思想上、学习上、生活上全面了解学生，因势利导地进行有针对性的教育。还要尊重和信任学生，要以一种欣赏的眼光和积极的心态投身到教学中去，努力为孩子们营造宽松、和谐的成长氛围，使他们能够自由表达，愿意交流，并时常体会到成功的快乐。师爱是一种无形的教育力量，恰当的师爱能成倍地放大教育对学生的影响。

（二）师德修炼的前提是博学

有句俗话说得好："教师要给学生一碗水，自己必须得有一桶水，甚至是源源不断的源头水。"这也是现行《中小学教师职业道德规范》强调"爱岗敬业""终身学习"的基本根由。事实上，"经师易得"只是相对于"人师难得"的一个说法，要做一个称职的"经师"，仍然非下苦功不可。习近平总书记说："扎实的知识功底、过硬的教学能力、勤勉的教学态度、科学的教学方法是老师的基本素质，其中知识是根本基础。学生往往可以原谅老师严厉刻板，但不能原谅老师学识浅薄。'水之积也不厚，则其负大舟也无力。'知识储备不足、视野不够，教学中必然捉襟见肘，更谈不上游刃有余。"① 博学是教师最高级的精神美容。良好的专业素质是当下教师最核心的素养，是教师素养中最重要、最具广泛迁移价值的本领。

（三）师德修炼重在立德垂范

记得西方有位著名哲学家说过："教育意味着一棵树摇动另一棵树，一朵云推动另一朵云，一个灵魂唤醒另一个灵魂。"多么形象的比喻！它将教师工作的职业特点描绘得何等生动！以己传情，自然而然，相依而生。起点是以身相许，目的是启人心灵，培育人的灵魂。我们经常说："教育无小事，事事是教育；教育无小节，节节是楷模。"只有以良好的师风师德感召和熏陶学生，才能真正担负起为人师表的重责。比如，如何才能有效"传道"？首先你自己就要明道、信道。新时代教师应明之"道"、应信之"道"，关键就是马克思主义信仰、中国特色社会主义共同理想以及社会主义核心价值观，这也是习近平总书记反复提到的"大德"！这些，我们是否都准备好了？"爱国守法""教书育人"等是否均已成为所有"筑梦人"的自觉行动？以上修炼，不仅要体现在认识态度上，而且

---

① 习近平：《做党和人民满意的好老师：同北京师范大学师生代表座谈时的讲话》，人民出版社，2014，第8~9页。

要表现在知行合一的具体行动上，尤其要正确处理好奉献与索取的关系，不计较个人得失，发扬"红烛"精神，安于"粉笔生涯"，以"捧着一颗心来，不带半根草去"的高尚情怀，鞠躬尽瘁，献身教育。

师范生核心价值观培育
与"橘枳定律"及其他[*]

一

社会主义核心价值观培育以及思想政治理论课建设作为大学德育工作的有机组成部分，党和国家对其重视的程度前所未有。中宣部、教育部 2015 年下发的《普通高校思想政治理论课建设体系创新计划》（以下简称《创新计划》）指出，高校思想政治理论课是"落实立德树人根本任务的主干渠道……办好思想政治理论课，事关意识形态工作大局，事关中国特色社会主义事业后继有人，事关实现中华民族伟大复兴的中国梦，必须摆在突出位置"，明确要求"把培育和践行社会主义核心价值观融入教书育人

＊ 本文曾以《大学生核心价值观培育与"橘枳定律"及其它》为题发表于《武陵学刊》2015 年第 6 期，收入本书时有改动。

全过程"，同时提出"各地宣传、教育部门要研究制定落实本计划的详细实施方案。高校党委书记是思想政治理论课建设的第一责任人"。①

古希腊哲学家和教育家苏格拉底认为，教育的首要任务是引导人们"努力成为有德行的人"②。他说："财产不能带来善，而善能带来财富和其他一切幸福。不论对人还是对国家都是如此。"③ 孔子更是提出"仁者爱人""克己复礼为仁"④ 等思想，"仁"就是指高尚品德。孔子云："君子务本，本立而道生。"⑤ 又说："修身以道，修道以仁。"⑥ 这里的"本"就是做人的根本，"务本"就是要学会做人，学会做一个有仁爱之心的人。可见，德育为本的教育思想从人类文明一开始就已明确。

几千年以来对德育为本的教育思想的讨论一直没有停息过，但也一直不能令人满意。党的十八大报告将积极培育和践行社会主义核心价值观视为德育工作一项重要战略任务，"倡导富强、民主、文明、和谐，倡导自由、平等、公正、法治，倡导爱国、敬业、诚信、友善，积极培育和

---

① 以上均引自《普通高校思想政治理论课建设体系创新计划》（教社科〔2015〕2 号）。
② 〔古希腊〕色诺芬：《回忆苏格拉底》，吴永泉译，商务印书馆，1986，第 25 页。
③ 〔古希腊〕柏拉图：《苏格拉底的最后日子——柏拉图对话集》，余灵灵、罗林平译，上海三联书店，1988，第 162 页。
④ 《论语·颜渊》："樊迟问仁。子曰：'爱人。'""子曰：'克己复礼为仁。一日克己复礼，天下归仁焉。'"
⑤ 《论语·学而》。
⑥ 《礼记·中庸》。

践行社会主义核心价值观"。这"三个倡导",是对社会主义德育核心价值体系的具体化,这"24个字"对我们每个人都提出了新要求。然而,当下我国大学生特别是师范生社会主义核心价值观培育状况究竟如何?大学德育包括思想政治理论课教学究竟存在哪些问题?解决《创新计划》所提出的"三个事关"问题靠高校"办好思想政治理论课"行吗?

二

2015年9月中旬,中共湖南文理学院党委宣传部等几部门联合组织,在该校近24000名大学生中有选择地开展了一次关于社会主义核心价值观培育的问卷调查。此次调查共计发放1800份问卷,收回1633份问卷,有效问卷1591份(其中1/3为师范生)。从"文理调查"范围看,四个年级均有覆盖,依次分别占30%、23%、25%和22%;其中有党员82人,占5%,共青团员1402人,占88%,担任过学生干部的897人,占56%。从"文理调查"结果看,当代大学生德育状况的主流积极,普遍赞同"必须坚持马克思主义在中国意识形态领域的指导地位",占91%;对"我国改革开放以来国家在哪些方面有翻天覆地的变化"选项积极,普遍认同;在信仰问题上,选择"信仰是指路明灯,是精神之钙"的,占74.91%。同时,调查所表现出的问题发人深省。

（一）信仰危机突出

在信仰问题上，选择"什么也不信"的有 206 人，占 12.95%；选择"尚未明确自己信仰"的有 169 人，占 10.62%。82 名党员中有 5 名党员对"必须坚持马克思主义在中国意识形态领域的指导地位"表示"完全不赞同"，26 名党员选择的信仰不是"共产主义"，24 名党员在信仰对于人生的价值问题上没有做出正确选择。

（二）政治素养亟待提高

有超过半数人不知"民主富强等 24 字"就是社会主义核心价值观；另有近 10% 的同学竟然把"普世价值：公平正义自由"看作社会主义核心价值观。"文理调查"还显示，有 85.42% 的同学明确表示没有建立社会主义核心价值观；有超过 20% 的同学认为高校思想政治理论课不用开设；有近半数人对身边同学是否以社会主义核心价值观指导言行漠不关心。

（三）知行不统一

虽有近 60% 的同学信仰共产主义，近 80% 的同学认为有必要开设思想政治理论课，但回答"当您上网时看到与您的观点不符的言论您怎样处理"问题时，有 40% 以上的同学选择"不赞同但是也不想反驳"，或选择"不予理睬"；在回答"8 月 12 日 23：30 天津滨海新区大爆炸之后您想到过什么"时，单选"参加志愿者"或"捐款"的均不到 20%，双选"参加志愿者"和"捐款"的仅占 1.38%。

以上问题，对重在为人师表的未来人民教师来说更加令人担忧。

三

当代大学生社会主义核心价值观培育出现偏差的原因是多方面的，而且，有些问题学校也无能为力。

（一）时代变迁产生的负面影响

社会主义市场经济的不成熟、多元文化碰撞以及生活环境等因素必然对大学生核心价值观带来影响，如社会上对金钱的崇拜产生的拜金主义、消极的不健康思想产生的极端个人主义等，特别是就业竞争的残酷性使有些大学生开始不择手段，慢慢地滑向道德深渊。加上制度体系不健全，有些人根本不把平等、法制、诚信等当一回事，甚至触犯法律，走上犯罪道路。

（二）高校教师"为人师"者偏少，部分人政治立场堪忧

高校教师大都热衷于"学历上层次、科研上水平、论文上档次"，至于德育工作基本无暇顾及。不用说专业课教师，即使是思想政治理论课教师也很少有时间研究授课对象，有针对性地进行一些有效的人生指导。另有少数教师迷信西方错误思潮，课堂上随意发挥，将"研究无禁区，高校课堂有纪律"的原则置于脑后，自觉不自觉地为西方图谋颠覆社会主义中国鼓与吹。

（三）网络信息传播带来巨大挑战

网络作为一把双刃剑，一方面，可以帮助大学生合理地利用网络资源，获取具有现代意义的正确价值观；另一方面，也将社会上那些杂乱无章的垃圾信息、不健康信息传递给学生，不断冲击大学生的思想观念，进而影响大学生的正常学习、生活和发展。很多大学生在其中迷失了方向，迷失了自我。

（四）大众传媒一些不良信息的影响

大众传媒是人们核心价值观培育的有力引擎，其正负能量往往无法预计。例如，现在不少传媒大肆宣传某某通过什么途径迅速发家，某某多少岁就成为 CEO，炒股、炒房、买车，总有不尽的"追求"，这究竟是要告诉人们什么？部分大学生爱攀比时尚、攀比家庭条件的好坏，实则很多都是受到本国或外国影视作品的传染。

四

基于以上分析，师范生社会主义核心价值观培育可从以下三个方面开展并加强。

（一）形成全社会协同育人的大格局

怎样才能把立德树人的根本任务落实好？《创新计划》认为高校思想政治理论课应担当主责，这有点过于器重，实际上也做不到。《创新计划》虽也谈到"探索建立全社会关心支持思想政治理论课建设的长效机制"，但对于如何关心支持、如何整合全社会的有效资源、如何营造优良的育人社会环境并未展开，未免让人觉得遗憾。《创新计划》既然由中宣部、教育部联合发文，就理应从全社会的角度开出解决问题的处方。

长期以来，人们普遍认为"立德树人"只是学校的事，学校也因此常常遭到不应有的非议。殊不知，学校只是整个社会的一个小小部分，学生价值观的习得常常并不来自学校，或者说"德行是由经常做正当的事情学来的"[①]，是从社会实践中感悟到的。古语云："橘生淮南则为橘，生于淮北则为枳。"[②] 这里包含深刻的"橘枳定律"。反观今日的学校教育，大家都在强调立德树人，但为什么不谈或者忽视社会环境问题呢？

"橘枳定律"有两点值得我们注意。其一，它是对唯物辩证法原理一般理解的挑战。通常认为，内因是事物发展的根据，是第一位的，决定着事物发展的基本趋向；外因是事物发展的外部条件，是第二位的，对事物的发展起着加速或延缓的作用。然而，橘在淮南、淮北的不同结果恰恰把它的外部条件地位颠倒过来。其二，从橘在淮南、淮北的不同还可以看出，以前我们过于强调内因的决定作用并不对，以至于出现"人定胜天"的很多笑话，值得我们深刻反省。概言之，内因和外因都具有决定性作用！内

---

① 〔捷〕夸美纽斯：《大教学论》，傅任敢译，教育科学出版社，1999，第167页。

② 《晏子春秋·内篇杂下》。

因一定，外因起决定性作用；外因一定，内因起决定性作用。这要看内外因各自作用的发挥。

具体来说，"橘枳定律"给人的启示有三：第一，对唯物辩证法内外因关系原理应全面理解，矛盾的双方广泛联系，既对立又统一，事物的发展变化必然是内外因共同作用的结果，强调或夸大任何一方必然导致对事物发展规律的错误认识；第二，同样是橘，它在淮南、淮北的不同结果，正说明该种子内因本就具有长为橘或长为枳的两个不同方向的特质，对复杂的人而言更是如此，人的内因既有向善的一面也有向恶的一面，几千年以来决定因素究竟为内因还是外因的种种争论，即在于对内因的孤立解释；第三，既然"水土的变化"引发了橘向枳的转变，说明外因对事物发展起着重要作用，同时也说明联系形式多样，既有有利联系也有有害联系，故我们对师范生的教育就要充满信心，注意趋利避害，加强外部引导，推动师范生健康发展，同时也让他们吃下今后当好教师的"定心丸"。

毛泽东在《矛盾论》中曾有一个被广为引用的描述："唯物辩证法认为外因是变化的条件，内因是变化的根据，外因通过内因而起作用。"① 这个判断无疑是正确的，但我们应全面把握内因，真正理解事物发展的三原则：一是矛盾的，二是联系的，三是必然发展的。然而，事物联系的方式方法不能一概而论，人的道德培养尤其如此。由于人的复杂性，我们与其争论人性到底是性本善还是性本恶，

----

① 《毛泽东选集》第 1 卷，人民出版社，1991，第 302 页。

不如深入了解外部因素的变化和作用。"青山易改，本性难移"，"近朱者赤，近墨者黑"，性格决定命运，环境改变人生等，都是在强调内因或外因的主导作用。从方法论角度看，坚持内外因相结合的观点才是科学态度。

人作为复杂的生命体，最基本的内因是基因，基因控制人的性别、肤色、肌肉类型、反应速度等，在这些内因的控制范围内，外因所起的作用很弱；而那些后天逐渐养成的如习惯、个性、品德等因素相对来说也是内因，则与外部环境相联系，受外部环境的影响要大得多。好的物种只能生存在适合自己的环境下。如人参以吉林的品质为佳，三七以云南的药效为好。

只有坚持内外因相结合的唯物辩证主义方法论，才能科学地解释社会生活中的种种现象。比如，时势造英雄，但一个黑暗的年代可以诞生英雄吗？转基因的土豆有赤橙黄绿青蓝紫，完全变样，这个完全是由内因决定的吗？又如，达尔文的进化论是在说明环境改变着所有的物种？牛顿力学定理中的 $F = ma$ 是在说明物体的运动就是由于外部作用产生的？对于事物发展的内外因问题，我们只能辩证地看，联系地看，相对地看，发展地看。

再回到师范生德育问题，我们主张全社会协同育人，或者说，外部因素对师范生优秀品德养成尤其重要。虽然对学生而言大学校园也是外因，也的确可以通过丰富多彩的有益健康的大学文化来陶冶人，但与社会环境相比，高校这个小环境，包括思想政治理论课对师范生社会主义核心价值观的培育非常有限。因为大学的课程教学属规定动作，不论受教育者欢迎与否，都只能被动接受，远不如从课外、从社会了解到的东西来得实在真切；更何况人文素质教育之类的课程教学需要春风化雨，采取灌输制并不奏效。西欧的大学校园一般都没有围墙，不像我国高校都是封闭的，他们的二级学院大都分散在所在城市内，这对学生价值观的习得具有积极意义。孔子认为择邻不到风俗仁厚的地方去，非明智之举。荀子说："蓬生麻中，不扶而直。"① 意即蓬生长在麻田里，不用扶持，自然挺直，比喻学生生活在好的环境里，可以得到健康成长。俄罗斯国民教育之父乌申斯基说得好："只有当公共教育的问题成为与所有的人都有关的社会问题，成为与每一个人都有关的家庭问题的时候，公共教育才能发挥效力。"② 对此，我国教育的盲点很多。

习近平总书记说过，倡导社会主义核心价值观要在全国人民中培育和弘扬，"家庭、学校、少先队组织和全社会都有责任"③，尤其是各级领导应带头践行。问题是，我们不少干部"不问苍生问鬼神"，不信马列信"大师"，求神拜佛者大有人在。同时，各级党政部门当下更多的仍然是重点考虑 GDP 的升降，并没有把中心工作和意识形态工作的位置摆正，没有一个像抓 GDP 或者近年抓环境保护那样的硬措施、好办法，远远没有形成"全社会都有责

① 《荀子·劝学》。
② 〔苏〕乌申斯基：《乌申斯基教育文选》，张佩珍等译，人民教育出版社，1991，第86页。
③ 《习近平谈治国理政》，外文出版社，2014，第184页。

任"抓全体公民社会主义核心价值观培育的良好氛围，落实习近平总书记要求任重道远。

（二）立德树人——高校应尽力做好自己的事

首先，必须解决好德育工作的认识与地位问题。

近年来，以学生就业为导向，不断提高人才培养质量已成为高校办学主旋律。然而，怎么评价质量？用人单位大都以学生专业能力为重点，至于社会主义核心价值观及品德状况如何，一般都不深究。

人才培养质量须以德为先的思想并没有普遍深入人心，德育在高校自然没有足够地位，导致办学过程中相应问题尤为突出。主要表现为：一是思想政治理论课教学趋同化，内容空洞，效果较差；二是高校基层党建工作形式化，目标认识模糊，德育中心并不突出；三是意识形态工作边缘化，专业教师、职能处室、教辅部门等德育为先的思想意识淡薄，远远没有形成校内协同局面。

历史反复昭示，一个国家、一个政党，思想防线一旦被攻破，其他防线就很难守住。高校作为人才培养高地，师范教育作为培养教师的教育，意识形态领域工作当为我们党建工作的重中之重。在"文理调查"中，有接近70%的同学认为社会主义核心价值观是党建之魂，希望学校能从基层党支部抓起，特别是师生党员应自觉践行。这个信息，对改进高校党委和党支部工作很有启示。实际上，目前不少高校党支部基本上形同虚设，支部生活没有实际意义。很多高校党支部书记认为学校以教学为中心，基层党建可有可无；还有的认为基层党建是"虚"功，不好做实，推一推，动一动。

其次，对师范生德育及社会主义核心价值观培育应有整体思考。

德育需要全社会协同，同时也需要全校协同。在很多情况下，学校德育首位还停留在口头上，看似热闹，实则并无实效，简单化、功利化、零散化以及思想政治教育趋同化和世俗化问题突出。因此，有必要在高校内部构建一套行之有效的完善的德育体系和机制。

宏观上，党委书记和校长要旗帜鲜明地站在意识形态工作第一线，做好顶层设计。党委统一领导、党委宣传部门牵头协调、党政工团以及所有教学院（部）共同参与，建立德育工作领导小组；配齐、建强思想政治工作队伍，确实充分发挥思想政治理论课主渠道作用；构建以社会主义核心价值体系为指导、以培育优良校风和学风为根本、以创建现代大学制度为依托的德育工作新体系。

中观上，要开展学校、学院、班级、宿舍（学生社区）"四位一体"的德育联动，创新育人机制，拓展育人空间，形成全员育人、全过程育人、全方位育人的管理格局；要借助"三严三实"专题教育，倡导处级干部联系班级、党员干部与专任教师联系寝室的"双联"工作新模式，通过"双联"及时掌握年轻人的新追求、新动态，修正年轻人对人对事的认识偏差，扶贫帮困，解决问题。

微观上，探索社会主义核心价值观培育"濡化"、"内化"和"微文化"相结合的"三化德育"方式。"濡化"

是对核心价值自身而言，就是让核心价值观的理念、判断、案例充盈大学生生活和学习的各个层面和角落，使其无处不在，进而发挥"泡菜理论"中的育人效果；"内化"就是在"濡化"的基础上，积极引导和要求师范生主动吸收大学文化以及社会实践中的核心价值观，使之内化、主体化为大学生自己的思想和认识；"微文化"就是通过创建各种网络平台如共青团网站、QQ群、微信公众号、微博、微电影等，将大学生团结在微文化的包围中，以青年人习惯和喜欢的方式、话语引导他们，进而提升育人效果。"濡化"—"内化"—"微文化"三重互动，使大学生核心价值观培育自外向内深入，不断渗透，在一定程度上可以强化育人效果。

最后，重点解决思想政治理论课的有效性问题。

在"文理调查"中，有20%以上的同学对大学开设思想政治理论课持否定态度，这种情况在全国恐怕具有一定普遍性。中宣部、教育部主导编写的思想政治理论课教材统一，包括教辅资料都一应俱全，教学固然方便，但对提升思想政治理论课教学质量的呼声一直比其他课程更为迫切。思想政治理论课教学在内容上要注意克服两种倾向：一是经验主义，须知没有理论创新就难有实践突破；二是教条主义，中外古今有关德行教育的经典汗牛充栋，切不能生搬硬套，把马克思主义教条化。

思想政治理论课教学，必须坚持中国特色社会主义共同理想，坚定道路自信、理论自信、制度自信！自信来源于对历史经验的正确评价和对实践成果的充分肯定。对于中国特色社会主义道路的探索成果，党的十八大报告用了经济实力、生活水平和综合国力这样三个台阶来描述，用铁的事实证明：封闭僵化的老路不能走，改旗易帜的邪路应坚决摒弃。这里，重点和难点都在于摒弃教条主义，都在于如何在教学中使中国特色社会主义伟大实践潜移默化、润物无声。要做到这一点，一方面，要注意让师范生直接参与社会实践，让他们在实践中用眼睛去观察，用耳朵去倾听，用双手去实践，用大脑去思考，用心去体会，从而自觉地构建社会主义核心价值观；另一方面，要注意将社会主义核心价值观培育融入大学校训、大学精神和大学校风，融入教学的方方面面，让师生在学习生活中实实在在地广泛感受到，从而深刻地影响师生的思想和行为。

习近平总书记指出："一种价值观要真正发挥作用，必须融入社会生活，让人们在实践中感知它、领悟它。要注意把我们所提倡的与人们日常生活紧密联系起来，在落细、落小、落实上下功夫。"① 总书记的这番话，正是思想政治理论课教学的基本方法。在"落细"方面，可开设一批大学生喜闻乐见、渗透社会主义核心价值观的思想政治理论"公开课"，鼓励校外一些企事业单位的先锋贤达进校园，分享成功经验，传递正能量；在"落小"方面，可开展"我为长辈写封信""志愿者日""时政热点沙龙"等形式多样的教学互动活动，不断巩固理论教学成果；在"落实"方面，要充分挖掘校内外文化教育资源，让学生

---

① 《习近平谈治国理政》，外文出版社，2014，第 165 页。

参与品牌德育实践活动，实施文化育人工程，让社会主义核心价值观在不知不觉中熏陶人，并最终得以确立。

（三）社会主义核心价值观作为一种群体意识，落细落小落实的任务归根结底还在于每个人都能真正践行

第一，有信仰，辨是非，是师范教育的当务之急。

"文理调查"显示，大学生中没有信仰的占比高达23.57%，另选择"儒家忠孝节义""佛教""伊斯兰教""基督教""其他教派"的共18.1%，这两个比例确实令人担忧。其一，人都应有自己的生存追求与生活信仰，它是人之所以为人的共同特点，师范生以后还要教育人、影响人，如果他们在当今多元文化思想冲突中感到迷茫，信仰淡薄，必将严重影响师范教育在社会公众中的形象。其二，每个人具体追求什么、信仰什么，是人对世界的反映，自然就有一个是非对错的问题，它需要人在社会实践中经过反复历练以后择善而从。问题也正在这里，人生旅途以学为主的阶段即将在大学结束，大学是人的世界观形成的最后堡垒，一旦错过，将无法弥补。

实际上，每一个政党、每一个教派都有自己的核心价值观。西方标榜所谓"普世价值：公平正义自由"，中国共产党倡导的24字的社会主义核心价值观也有"自由、公正、法治、诚信"等表述。现实情况如何呢？这的确不是一个年轻大学生可以准确判断的。最最紧要的是要利用一切可能让他们积极践行中国梦，讲好中国故事，我们相信年轻人会有正确选择。

第二，讲诚信，重实践，是对社会所有公民的基本

要求。

"仁义礼智信",是中国古代社会关于做人的经典信条。诚信,是社会维系民众约定俗成的硬规矩,也是我们践行社会主义核心价值观的底线。

对于个人而言,诚信是言行的符号,更是内涵的体现。

其一,讲诚信就是要加强修身养性,注重学习。一个品行端正的人,必然是一个讲诚信的人。如果一个人没有诚信,必然被孤立,也就无法与人沟通,当然也就无所谓核心价值观问题。同时,还要注重学习古今中外的诚信楷模。一次,孔子的学生子贡向他请教治国方法。他说:"确保粮食充足、军队充实以及对人民的信义,就可以治理好一个国家。"子贡又问:"三者如果要舍其一,应该舍哪个?""舍军备。""不得已再舍一个,怎么办?""舍粮食。""为什么不能舍信义?"子贡又问。孔子说:"人难免一死,没有粮食可以,如果没有了信义,根本与禽兽无异,这时活着还有什么意思呢?"这段对话,发人深省。

其二,讲诚信重在实践,重在通过自己的行动来证明。要做一个讲诚信的人,就要实事求是,表里如一,说实话,做实事,反对投机取巧,吹拍奉迎,争功透过。例如,一个人认同"法治社会"模式,但在维护自己利益时,首选的却是"关系",这就是不讲诚信;有的学生毕业论文抄袭、考试作弊、伪造个人简历、交友动机不纯等,在为人问题上表现得极其虚伪,其结果不仅破坏了社会公平,同时还将严重影响个人发展。

素质教育之我见 *

素质教育发端于古希腊自由教育和中国孔子的"做人""成人"教育。古希腊文明之所以能达到古代世界的巅峰，并非因为它强大富足，而是因为教育培养了使人自由的精神。它强调人在本质上和目的上是一个理性、道德和精神的存在体，人的教育应该是为知识而探讨知识，为真理而追求真理，并由此实现心灵的培养。这种教育就是为了人的，而不为人以外的其他任何目的。孔子教育追求的目标是使受教育者"成人"或成为"君子"，而"君子"的核心就是"仁"。两者的目标都是指向人的。不过自由教育重在人本心灵的培养，孔子教育则在提倡人本的同时更多地关注对人的伦理教化。因此，中国教育强调调和持中、反求诸己的群体伦理和社本主义，成为我们的一个传统。作为社会发展中的人，"成人"兼顾群体伦理应

---

* 本文曾以《素质教育是一种教育观》为题发表于《光明日报》2009 年9 月 4 日，收入本书时有改动。

该说也无可厚非，问题的关键在于究竟把人本放在一个什么位置。中国教育的发展，一开始就没有真正突出人本，之后一直是社本主义或功利主义占上风，这是值得我们深刻反省的。

素质教育内容不仅要通过传统的显性课程形式来传授，而且应特别注意通过耳濡目染的隐性课程的形式实施，这几乎是古今中外所有学校的一致做法。知识是从彼到此教出来的和学出来的，不教不学当然就不会了解和掌握知识；人的素质却不能仅通过课堂教学得来，需要在生活中学、在实践中学。就古典渊源而言，早有教育来自生活的事例，诸如先民的生活与宗教密不可分，这样宗教也就成为学习礼仪的必要环节。汉以后，祭祀等礼仪还成为学校生活的重要活动。唐太宗以后，除中央国子监及地方州学以外，"庙学制"增及县学，直到晚清都没有改变。即便宋以后兴起的书院教育以及佛门的书院教学等，也都受到了"庙学制"的影响。香港中文大学当下通过学院和书院并行制推动素质教育，更是对显隐并重的课程形式的自觉运用。

二战以来，在发达国家首先表现出来的科学综合和行业综合的趋势已愈来愈突出。表现在高等教育方面，减少专业数量，提倡学科交叉，增强课程间的融合，关注学生终身学习能力培养已逐步成为我国大学发展的主旋律。在这种背景下，人的素质如何自然成为关注的焦点，它是人可持续发展的根本。在人的所有素质因素中，良好的思想道德品质是"做人"的灵魂，是蕴藏在国民心中推动国家和民族前进与发展的活力和动力。西方大学把加强学生的思想品德教育称为"德育投资"，认为其可以带来巨大的经济效益。因此，德育已成为世界绝大多数国家学校要开设的必修课程。譬如美国的公民课、日本的社会课、加拿大的道德价值教育课、新加坡和比利时的道德教育课、匈牙利的世界观基础课等。我国大学也专门开设有思想政治理论课，党和国家组织过多次专题研究，反复改进，这非常有必要。

要正确认识通识教育和素质教育之间相互借鉴融合的问题。通识教育是一种哲学观，素质教育是一种教育观，两者认识和分析问题的角度是不一样的。事实上，大学素质教育问题的提出相对较晚，通识教育的很多做法是可以直接用于素质教育的，譬如国外普遍采用的"2+2修读模式"等。甚至有著名学者指出，通识教育"实际上是全面素质的教育"。这里，将通识教育与素质教育完全等同虽然并不准确，但认为通识教育与素质教育之间有密切关系是对的，而且两者近年来确有互相接近的趋势。虽然素质教育不是一种模式，而是一种思想和观念，但素质教育并不排除通过一定的形式加以强化；虽然素质教育不重在开设多少门课程，它更多关注的是能力、思维形式或情志倾向等，但素质的种种表现又是以人的扎实的知识素质为基础的，基本的知识与技能仍需要通过传统的课程来讲授；虽然通识教育是相对于专业教育而言的，但据笔者外出考察，美国高校现在也注重把通识教育当作一种同样可适用于专业教育的理念与方法来加以认识和推行。

《道德经》德育功能三题

——兼评文选德先生《〈道德经〉诠释》*

　　企鹅 USA 出版社出版的老子《道德经》在美国特别畅销，曾荣登美国畅销书前列，位居《纽约时报》畅销书排行榜第 11 位。① 美国数学家麦克·哈特著《人类百位名人排座次》一书将老子排在第 75 位，该作者还认为在世界范围内对精神文明贡献最大的除《圣经》之外就是《道德经》。无疑，《道德经》是世界珍贵的文化遗产。目前，《道德经》外文译本在 80 种之上，中国注译本更是不计其数。

　　《道德经》现象早已引起我的关注，恰好文选德先生前不久将他的新著《〈道德经〉诠释》（湖南人民出版社，2005）送给我，拜读之后，我也有一些话想说说。

---

*　本文曾在《长沙理工大学学报》（社会科学版）2006 年第 2 期发表，收入本书时有改动。

①　参见《〈道德经〉荣登美畅销书排行榜》，《出版参考》1995 年第 22 期。

一 最深奥的亦是最简明的

注译古代典籍极其不易。更何况老子所处时代距今非常遥远，加上汉武帝"独尊儒术"，有关《道德经》当时的资料少得可怜，即使《道德经》篇幅仅5000余言，也未能给后人留下一个完整的本子。目前看到的最古老的抄本是郭店楚简《老子》和马王堆帛书《道德经》，但都是残缺不全的。该著内容博大精深，语言简约，这给诠释造成更多困难，但文选德先生硬是凭着自己深厚的国学根底和严谨认真的学风给我留下了深刻印象。

《〈道德经〉诠释》分为四个部分，即老子其人、《道德经》其书、老子其学、《道德经》释义。前三个部分是提纲挈领地阐释老子其人、其书、其学，释义部分则按81章原文逐一诠释，每章都包括"题解"、"注解"和"译文"。

从宏观上看，《道德经》首先是一部哲学经典，"并非今日人们所想象所认为的仅仅是一部'道德经典'"[1]。概言之，它至少包括"唯物辩证思想、宇宙人生哲学、政治理想追求三个方面"[2]。谈到老子的人生哲学，文选德先生归纳为四点，即人要无私，人要容人，人要谦退，人要守柔；谈到老子的政治理想追求，他又概括为憧憬"小国寡民"，主张"无为而治"，希望人间公平，要求简政安民和

---

[1] 文选德：《〈道德经〉诠释》，湖南人民出版社，2005，第24页。
[2] 文选德：《〈道德经〉诠释》，湖南人民出版社，2005，第26页。

反对不义之战等。这些，都与人的道德修养不无关系。从微观上看，诠释者有时候为一个字也要花千余字的篇幅细加比较与考证。宏观与微观相结合，使原本艰涩的古代哲学经典变得豁然明朗。

与其他诸多古代典籍诠释本比较，文选德本最大的特点是以"我注六经"的态度尽可能地沟通古与今，且能不时让我们有所领悟。如老子说："人法地，地法天，天法道，道法自然。"文选德先生指出："老子把'神鬼'排除在道、天、地、人'四大'存在之外，这也是老子哲学的可贵之处。"① 类似的例子，可谓比比皆是。

我认为最深奥的亦应是最简明的。一位真正的学者，能将难化成易才算本事。由难到难，没有意义，也不能解决问题；由易到难，更是糊涂学者或迂腐学者才会做的事。

二 《道德经》有无德育功能？

《道德经》是否具有德育功能？此前中国学界有过针锋相对的激烈论辩，但毕竟有点情绪化的味道。有学者说，《道德经》根本就不是一部讲"道德修养"的书，任何形式的"道德修养"都不讲。② 这个看法实在有些过头。不错，《道德经》写作初衷是"授牧民之术于君王"，重在向君王传授统治之术，但我认为这并不排斥讲人的品德

---

① 文选德：《〈道德经〉诠释》，湖南人民出版社，2005，第 127 页。
② 参见《〈道德经〉有无道德"疗效"》，《中国图书评论》2004 年第 10 期。

修养。须知，"以德治国"也并非当代才有的观点。

文选德先生对此问题的处理是比较客观的。他在《〈道德经〉诠释》"前言"中说自己之所以要做这项工作，是因为我党我国新颁布了《关于加强社会主义精神文明建设若干重要问题的决议》和《公民道德建设实施纲要》，同时他又在该书"后记"中说，"老子说道论德，并非就是只做做学问，说说思想，而是要修身养性，齐家治国"①。这已明确表明《道德经》的德育功能。但他在诠释过程中非常谨慎，生怕有借古讽今或借古颂今之嫌。这当然是古籍解读应有的态度。

《道德经》的德育功能毋庸置疑，但这绝不是因为书名有"道德"二字。实际上，"道德经"这个书名也是后人所为，郭店楚简和马王堆帛书都是无书名无章节的，且马王堆帛书与郭店楚简不同，是"德经"在前、"道经"在后，故或可名为《德道经》。另外，后人也有将其直接名为《老子》的。

然而，不管怎么说，《德道经》这部书就是讲德论道的。何谓"道"？《周易·系辞上》有云："一阴一阳之谓道。"《孟子·公孙丑下》又曰："得道者多助，失道者寡助。"即宇宙万物之本原或品德、规律之义，《德道经》第25章等多处之"道"也有同义。何谓"德"？在老子看来，即道德、品性、节操。《周易·乾卦》中也有此一用法，如"君子进德修业"。合起来看，"德"与"道"在

---

① 文选德：《〈道德经〉诠释》，湖南人民出版社，2005，第300页。

老子著作中被视为哲学的一对范畴，"道"为事物运动变化所必须遵循的规律，是万物之本体；"德"是人们从"道"所得的特殊规律，对"道"的修养有得于己，可谓"德"。《德道经》中的"道生之，德畜之……道之尊，德之贵，夫莫之命而常自然"，就表明了"德"、"道"及其与"自然"之关系。

当然，《德道经》的德育功能不可与当今德育著作同日而语，但从人本这个层面而言仍有很多东西相通。如《德道经》涉及不少自然和社会的对立统一现象，属于人本身的就有美丑、善恶、荣辱、公私、贵贱、是非、怨德等，这些又何尝不与人的品德修养有关？而且，《德道经》有很多篇章就在讲人的品德修养，"其要义是法自然、讲道德"。

三　上善若水，为人之德

我认为，《德道经》最能代表老子为人和道德修养主张的是第 8 章关于水的观点。该著多处以水或与水有关的物象来比拟阐发"道"的精深和妙用，甚至水还一度被老子推崇为"道"的象征（认为水"几于道"），也有人将老子哲学称为水性哲学。在该章中，老子这样写道：

> 上善若水。水善利万物而不争，处众人之所恶，故几于道。居善地，心善渊，与善仁，言善信，政善治，事善能，动善时。失唯不争，故无尤。

"上善若水"是老子关于水的人生哲学的总纲，也是老子人生观的综合体现。老子明确地告诉我们，最高尚的品德就像水一样。合于道体的人，就好比水——水善利万物却又不会与万物相争。它乐于停在大家所厌恶的低下地方，所以最接近于"道"。这就把水人格化了，并推崇到无以复加的高度。

水究竟有何"上善"或美德呢？在老子看来，水之美德至少有以下四种。

第一，水具有目的性。即"水向东南流"，"条条江河归大海"。尽管前途艰险，水却从不放弃，直至到达目的地。即使遇到最强烈的抵抗，它依然会水滴石穿，"守弱日强"，将柔弱转化成最锋利的武器。

第二，与目的性相伴的是水的持久性。世界上没有比水更柔弱的东西了，但是它无坚不摧，实力强大。《德道经》里还说："天下莫柔弱于水，而攻坚强者莫之能胜。"① 这正是持久美德的体现。

第三，水具有灵活性，即对各种环境的适应性。有了这种灵活性，就可以在生活中少受挫折，就可以保证在任何艰难困苦的环境中生存，最后为众人所景仰。故老子说水"事善能，动善时"等，就是希望人像水那样善于因势利导，善于审时度势。

水的灵活性与水的柔弱胜刚强命题紧密相关，其间包

---

① 《德道经》第78章。

含深邃的辩证思想。它告诉我们，事物往往是以矛盾的形式出现的，矛盾的双方在一定的条件下可以相互转化。因此，人们一定要着力把握"道"的这一原则，力求在不利的条件下争取有利的结果，在有利的条件下避免向不利的方向转化。

第四，水还具有宽厚性。一方面，江海之接纳百川，大度宽容，故能成为"百谷之王"；另一方面，水滋润万物却又能安于低下，从不因为给众生提供生命的支撑而居功自傲，反而居处在其他东西不愿待的低凹之地，即老子所说的"水善利万物而不争"。

"处下"是水之博大宽厚的重要秉性。老子说："道之在天下，犹川谷之与江海。"① "道"之为天下所归依，正如江海为河川所流注一样，而"江海之所以能为百谷王者，以其善下之"，"是以圣人欲上民，必以言下之；欲先民，必以身后之。……是以天下乐推而不厌"②。水纳百川，有容乃大。老子借此告诫统治者，要谦虚处下，不要胡作非为，要把自身的利益置于民众之后，这样才能得到天下人归附和拥戴。

老子从"水德"讲到统治者的"人德"，既形象又深刻。各行各业的人又有谁不特别需要这种"水德""人德"呢？

---

① 《德道经》第 32 章。
② 《德道经》第 66 章。

中国教学艺术发展史略

科学揭示客观生活的真，艺术表现人类心灵的美。教学既是一门科学，也是一门艺术。自孔子以来，广大学校教育工作者在长期的教学实践中自觉坚持科学性和艺术性相统一，灵活并恰当运用教学的原则和方法，积累了丰富的教学经验。这些经验，有的已从理论上予以总结。如何整理和理清教学艺术的发展方向，使之为当下新师范教学理论和实践服务，是摆在我们面前的一项重要课题。

一　教学艺术的含义与特点

要总结中国教学艺术的发展历程，首先得弄清楚什么是教学艺术。一般而言，教学艺术是教师遵循科学原则和美学标准，正确运用语言、表情、板书、心理活动、动作、多媒体等手段，自觉而充分地发挥教学情感的功能，为取得最佳教学效果而施行的一整套具有创造性的娴熟的教学方法、技能和技巧。

教学艺术不仅能充分发挥教师的主导作用，激发学生的学习兴趣，调动学生的积极性与主动性，提高教学质量，而且能为教学创造艺术化的情境，使学生在快乐的情景中学会知识，获得美的享受、情感的陶冶和智慧的启迪。对于教学艺术，不同的人有不同的理解和认识。但是，把教学艺术只看成教师某种高超的教学技巧、技能、设计，或是某种动人的表演，都是不全面、不恰当的。教学艺术属于教学实践活动的范畴，是高度综合的艺术，是教师素养在教学中的综合体现，是课堂教学获得最优教学效果的根本保证。

教学的艺术性，常常体现为以下几个特点。

一是审美性。教师讲课，如同演员表演，最重要的就是紧紧抓住受众的注意力，让受众欲罢不能。为此，教师常常通过机智幽默的语言、生动逼真的动作和恰如其分的笑话等表现手段，使教学寓于娱乐审美之中。诸如教学设计美、形态美、过程美、意境美、风格美、板书美、语言美、人格美等，既以提高教学质量为最终目的，又能使教学具有审美价值。

二是情感性。师生双方的教学活动必然是情感交流、心灵碰撞的过程。在课堂上，教师一定要排除一切杂念，集中全部精力，以一种饱满的、愉悦的、积极的教学激情投入教学当中。这不仅能使学生产生学习的内驱力，还能使学生受到情感的陶冶；不仅能使学生学习轻松愉快，更能使教学充满情感的魅力。实践证明，教学艺术水平高的教师，善于充分利用非智力因素促进教学，寓理于情、情理交融、以情动人；爱的情感流露往往恰到好处，使教学充满艺术的感染力，从而开启学生的智慧之门。

三是创造性。一切艺术共同的本质特征是具有创造性。教学艺术自然不能缺少教师教学的独创性和灵活性，它能解决教学中出现的各种复杂问题，教师独特的教学风格往往成为吸引学生的独特艺术魅力。无论是教学原则的应用、教学方案的设计、教学内容的取舍、教学方法的选择，还是教学过程的组织以及教学语言和非语言的体态教学技能的应用，都要发挥教师的创造性，创造出能够启迪人心灵和发挥人的智慧的教学艺术。没有教学的创造性，就谈不上教学的艺术性。

二 教育鼻祖孔子及先秦儒家教学艺术思想

孔子（前551～前479）是我国教育史上第一个将毕生精力贡献给教育事业的人，他的教育思想和他的事迹，其弟子各有记录，后来汇编成《论语》。该书是研究孔子教育思想和教学艺术的最重要的材料。

孔子在长期的教学实践中，表现出高超的教学艺术，也是中国研究教学艺术的祖师爷，其教学艺术思想可概括为以下五个方面。

一是因材施教。孔子是世界教育史上最早承认和重视学生个性差异的教育家。他认为实施教育首先要"知人"，如"柴也愚，参也鲁，师也辟，由也喭"①，然后"视其所以，观其所由，察其所安"②。《论语》全二十篇，记述了孔子不少这方面的教学艺术，他对弟子问仁、问孝、问政、问君子、问成人等的回答常常出现同一问题两种甚至多种答案，显然是弟子的情形不同使然。所以，老师教学不仅仅是单纯教学那么简单，一定需要有对学生的长期了解。孔子本人并未提出"因材施教"概念，朱熹《四书章句集注》在谈到孔子教学经验时说"孔子教人各因其材"，遂有"因材施教"之名言。

二是启发诱导。孔子明确指出："不愤不启，不悱不发。举一隅不以三隅反，则不复也。"③ 朱熹注曰："愤者，心求通而未得之意；悱者，口欲言而未能之貌。启，谓开其意；发，谓达其辞。"也就是说，通过一定的方法诱导学生积极学习，启发学生主动进行思维活动，是老师教学务须遵循的原则和前提。《论语·八佾》记载，子夏问曰："'巧笑倩兮，美目盼兮，素以为绚兮。'何谓也?"子曰："绘事后素。"曰："礼后乎?"子曰："起予者商也! 始可与言《诗》已矣。"孔子这里并没有直接说"巧笑倩兮"等诗句的意思，而是用了个比喻"绘事后素"来启发子夏；子夏则灵机一动，又想到"为人"，认为其根本就在人的品质，礼在其次，这得到了孔子的赞扬。以上正是启发教学艺术的极好案例。

---

① 《论语·先进》。
② 《论语·为政》。
③ 《论语·述而》。

三是知行合一。孔子还是世界上体验式教学的最早倡导者。他一生大部分时间在列国之间颠沛流离，一路上不失时机即时即景地对弟子进行现场教学，用自己的行动倡导知行合一教学艺术。《论语·雍也》记载，子曰："知之者不如好之者，好之者不如乐之者。"由"知"到"乐"，"好"是必由之路。然而，"好"不仅仅属于内心的主观感受，其实这里更在强调"行"，蕴含着孔子"知行合一"的教学思想。孔子又说："诵《诗》三百，授之以政，不达；使于四方，不能专对；虽多，亦奚以为？"① 这正是在强调学以致用，学用结合。

四是倡导乐学。《论语·学而》记载："子曰：'学而时习之，不亦说乎？有朋自远方来，不亦乐乎？人不知而不愠，不亦君子乎？'"这三句反问，义理上一气贯通。"学"也好，"有朋而乐"也好，皆以成就君子为其归宿。孔子主张为学之道乃以成德为内容，其目标是成就君子人格，由此自然就有快乐伴随；反过来，如我们能始终以一种自觉"乐学"的精神努力学习，成就君子也并非难事。孔子一再强调："知之者不如好之者，好之者不如乐之者。"在孔子看来，"乐学"既是学习的最高境界，也是提倡教师开展愉快教学的最好注脚。《论语》里时常记载孔子和弟子无拘无束的玩笑和问答，以及师徒相从游学野外的愉悦情绪，这不就是孔子正在实施的愉快教学吗？

五是褒善贬恶。孔子修《春秋》，以道德礼义为原则

---

① 《论语·子路》。

褒善贬恶，开启了中国褒善贬恶的优良传统。不仅如此，褒善贬恶的审美理想和方法，在孔子的教学中同样得到了淋漓尽致的运用。褒善方面，他按照自己的审美理想树立了颜回这个弟子榜样，也确实发挥了榜样的积极影响，就连鲁莽的子路都变得斯文了。贬恶方面，孔子的批评有时比较委婉。他责备弟子宰予时言："成事不说，遂事不谏，既往不咎。"① 有时又毫不留情。有一天，弟子宰予大白天还在睡觉，孔子就说："朽木不可雕也，粪土之墙不可圬也，于予与何诛？"② 也许是恨铁不成钢吧，但这种刺激人格的训斥未免有失师长风范。

在先秦诸子教学艺术思想中，以孔子为代表的儒家学派占据主导地位，其在中国乃至世界均有深远影响。除孔子以外，另有孟子（约前 372～前 289）、荀子（约前 313～前 238）两位继承并发扬孔子教学艺术思想的重要骨干。

一方面，孟子教学艺术理论与实践，直接继承了孔子的教学主张。比如因材施教，孟子将其总结和发展为几种不同的教学方法，即"君子之所以教者五"："有如时雨化之者；有成德者；有达材者；有答问者；有私淑艾者。此五者，君子之所以教也。"③ 他认为，对各方面比较优秀的学生，不必过多说教，只要稍加引导，他们就会像被雨水滋润的草木一样迅速成长；对有某些特长的学生，则可据其所长重点培育，使其成才；对那些智力一般的学生，只

---

① 《论语·八佾》。
② 《论语·公冶长》。
③ 《孟子·尽心上》。

能用答疑的方式来解决问题；等等。再如启发诱导，这在《孟子》中也有具体生动的记载。另一方面，孟子还提出了一些具有独创性的教学艺术思想，可概括为"善言善道"。他说："言近而指远者，善言也；守约而施博者，善道也。君子之言也，不下带而道存焉。"① 所谓"言近而指远"，即孔子的"能近取譬"，注意引用身边的事例来启发学生。所谓"守约而施博"，指教师讲授"不以文害辞，不以辞害志，以意逆志，是为得之"②，即要求教师做到精讲，给学生留下思考想象的余地。孟子认为，要做到"善言善道"，就得掌握教学艺术。他说："大匠诲人，必以规矩。学者亦必以规矩。"③

荀子学识渊博，且三为祭酒，主持稷下学宫，颇受人景仰，其教学艺术可谓高超娴熟。荀子曾提出"师术有四"："尊严而惮，可以为师。耆艾而信，可以为师。诵说而不陵不犯，可以为师。知微而论，可以为师。"④ 以上"四术"，大体上类似于当下所言为人师表，以身作则；学识渊博，信仰崇高；逻辑严谨，循序渐进；析理探微，见微知著。荀子还认为，知识教学当力戒"不问而告""问一而告二""可与言而不言""不观气色而言"⑤ 等不良做法。这些问题，正与启发诱导、因材施教、循序渐进的教学艺术相违背。

---

① 《孟子·尽心下》。
② 《孟子·万章上》。
③ 《孟子·告子上》。
④ 《荀子·致士》。
⑤ 《荀子·劝学》。

《学记》是中国也是世界上最早专门论述教学问题的著作，据郭沫若考证是战国晚期思孟学派的作品，后收入《礼记》中。《学记》总结分析了先秦教学上的成功经验与失败教训，同时还提出了一系列解决问题的方式方法。该著不仅继承和发展了孔子所倡导的启发诱导等教学艺术，而且在世界教育史上首次提出长善救失、藏息相辅的教学艺术原则。

《学记》云："教也者，长善而救其失者也。"认为教师要善于发现学生的长处，还要引导学生纠正自己的过错。该著进而指出学生常有的四个方面的缺点，或贪多嚼不烂；或知识面太窄，片面专精；或避重就轻；或浅尝辄止，畏难而退。此等都源于学生学习的不良心理状态，即"心之莫同也"。作为教师，必须了解学生的学习心理，了解不同学生的心理差异，从而扬长避短，补偏救弊，促进学生的正常发展。

《学记》又云："故君子之于学也，藏焉修焉，息焉游焉。夫然，故安其学而亲其师，乐其友而信其道，是以虽离师辅而不反也。""藏"，原为"臧"，通内脏的"脏"，"息"是指呼吸的气息，人自身内脏和大气相配合，才能呼吸自如。这里是在比喻"教"和"学"应合理安排、有机结合。在教学过程中，教师必须有意识地引导学生正确处理课堂"正业"与课余"居学"间的关系，使正课学习，即"藏"有主攻方向，学有所成，业余自修，即"退息"活泼多样，"居学"有获，使整个教学活动成为张弛有节、严肃活泼的过程。两千多年前，《学记》作者精辟地阐述了正课教学与课外自修、接受知识与消化知识、学习与休息等之间的辩证关系，确实难能可贵。此即藏息相辅的教学艺术。

三 两汉至明清教学艺术方家之思想

儒学在其发展过程中，经过了两次重大改造，西汉的董仲舒（前 179～前 104）和南宋的朱熹（1130～1200）是这两次改造的关键人物，对中国古代教育以及教学艺术的研究与发展产生了重要影响。

（一）"圣化之功"——董仲舒教学艺术之集中体现

董仲舒，西汉哲学家、教育家，有"汉代孔子"之称。汉景帝时任博士，讲授《公羊春秋》。汉武帝举贤良对策，董仲舒上《天人三策》（"独尊儒术，罢黜百家""开创太学，改革选士制度""重选举，广取士"），核心是以儒家宗法思想为中心，杂以阴阳五行说，形成帝制神学体系，深得汉武帝赞许。晚年去职家居，专门著书讲学，其教育思想主要体现在《春秋繁露》以及《汉书·董仲舒传》中的《举贤良对策》之中。

董仲舒非常重视继承发展先秦教学艺术，且明确将这种奇妙的教学艺术称为"圣化"，主要体现在以下四个方面。第一，教师须以培养全面发展的人才为目的和以具备良好的道德行为风范为基础研究并实施教学艺术，即所谓"既美其道，有慎其行"[①]。第二，合理安排教学，加强教

[①] 《春秋繁露·玉杯》，本段所引除另有标注外均见此著，不一一标注。

学管理。教学上要做到抓住时机及时施教（"齐时蚤晚"）；要根据学生接受能力量力而行（"任多少"），快慢适宜，循序渐进（"适疾徐"），引导学生主动学习，但不要驱赶他（"造而勿趋"）；要加强监督，但又不让学生感到烦琐痛苦（"稽而勿苦"）。第三，深入了解教学对象，因材施教，"多连""博贯"。了解学生的心理状态和学业水平，帮助学生取得更好的成绩，使之不断进步提高；同时注意"得一端而多连之，见一空而博贯之"①，即所谓"省其所为，而成其所湛"。第四，凡事均在于"强勉学习"，教师和学生都得不断提高。董仲舒说："事在强勉而已矣。强勉学习，则闻见博而知益明。"② 其中，"博"与"明"就是师生一致努力追求的境界。做到以上几点，教学效果必然显著（"力不劳而身大成"）。这样，其教学艺术也就达到了出神入化即"圣化"境界。

（二）朱熹——我国古代专注教学艺术研究第一人

朱熹，宋朝著名理学家、哲学家、教育家，儒学集大成者，后人尊称为"宋代孔子"。他先后做官不足十四年，但讲学达五十年之久。朱熹是唯一非孔子亲传弟子而享祀孔庙，位列大成殿十二哲者，受儒教祭祀。朱熹一生著作等身，后人辑有《朱子大全》《朱子集语象》，涉及教育及教学艺术的著作有《朱子语类》《近思录》《四书章句集注》等。

---

① 《春秋繁露·精华》。
② 《汉书·董仲舒传》。

在教学艺术研究方面，朱熹基于对人的生理和心理特征的初步认识，将人的教育分成"小学"和"大学"两个既有区别又有联系的阶段，进而开创性地提出不同的阶段必须实施不同的教学艺术。朱熹认为，小学生"智识未开"，思维能力薄弱，教育内容是"学其事"。因而，在教学艺术上，朱熹强调先入为主，及早施教，要力求形象、生动，能激发学生兴趣，并以亲拟的《须知》《学规》培养儿童的道德行为。进入大学后，其任务是在此前"坯璞"的基础上再"加光饰"，重在"教其理"，大学教学艺术自然要体现大学的特点。

朱熹倡导的大学教学艺术大致可分为以下几个方面。第一，力主《大学》之"内圣外王"的德育思维模式应为教学之根本。《大学》经朱熹精心章句，遂成为"四书"之首。所谓"内圣外王"，即"明明德"是"内圣"，是本；"亲民"以至"至善"是"外王"，是末。[①] 用当下的话说，即在工作方法层面既强调"思政课程"，更要注重"课程思政"。第二，要求学生探究事物之所以然。为实现《大学》之"至善"目标，首先要"格物致知"。根据朱熹的解释，也就是根据自身已知道理，结合外界事物极力探求其中规律。[②] 第三，提倡不同学术观点之间的相互交流。朱张岳麓讲学、陆九渊到白鹿洞讲学以及朱陈之辩等都是大学教学史上千古传唱的佳话。在书院教学期间，学导

① 参见《四书章句集注》及《朱子语类》卷14相关章节。
② 参见陈晓芬、徐儒宗译注《论语·大学·中庸》，中华书局，2011，第263页。

式、问题式、论辩式等方法更是朱熹常用的教学艺术。第四，重视学生自学。朱熹认为："指引者，师之功也。"① 所谓教学就是教学生学会学，即传授学习方法。"君子教人，但授以学之之法，而不告以得之之妙。"② 第五，主张"知行相须"的教学艺术。他说："知行常相须，如目无足不行，足无目不见。"进而指出："方其知之，而行未及之，则知尚浅；既亲历其域，则知之益明，非前日之意味。"③ 总之，朱熹的教学艺术思想很丰富，涉及教学过程中的一系列问题，对我国古代长期积累起来的教学经验与理论，做了很好的总结和改造，使之更加系统化，是值得我们借鉴的精神遗产。

四　清末民国时期教学艺术方家之思想

（一）梁启超的科学教学观和趣味教学观

梁启超（1873～1929），近代中国启蒙思想家、史学家、教育家和文学家。1897 年 10 月开始任长沙时务学堂总教习；1920 年后，专心从事著述和讲学，任清华大学研究院导师，同时兼任南开大学、东南大学等几所大学教授。梁启超涉猎广泛，在哲学、文学、史学、经学、法学、伦理学、宗教学等领域，均有建树。一生著述宏富，其《饮冰室合集》凡 148 卷，计一千余万字。

---

① 《朱熹集补编》卷 6。
② 《四书章句集注·孟子集注·尽心上》。
③ 《朱子语类》卷 9。

梁启超对教学艺术的最大贡献，是将其研究引向教学内容层面，力求打破自先秦以来"重道轻器"即长期视术科以及教学艺术为"外王之术"的观点，首次提出从"学""术"结合的学理层面探讨教学艺术的内涵。一方面，梁启超主张"少年智则国智"，必须重视科学教育；同时认为"可以教人求得有系统之真知识的方法，叫做科学精神"①，积极倡导各科教学首先也应是科学的。他批评当时"教中文的最大毛病，便是不言规矩而专言巧"②，认为这就是本末倒置，极不科学。另一方面，梁启超认为，教师要善于运用演戏法尽力让学生感到快乐，使学生能过上"纯然是趣味化艺术化"的生活，这"是最高的情感教育"。那种把课本里的东西叫学生死记硬背，或者嚼饭喂人的"注射式教育"，不仅谈不上艺术，还会摧残教学趣味。梁启超明确提出："对教育来说，趣味就是一切，一切就是趣味。趣味是目的也是手段。"③ 他甚至把趣味贯穿于教学艺术的各个方面。梁启超是我国近代深度研究教学艺术并最早论述趣味教学的重要学者。

（二）蔡元培的"融通文理"和"五育并举"教学思想

蔡元培（1868～1940），教育家、政治家，民主进步

---

① 梁启超：《科学精神与东西文化》，《文集》第5册第39卷，《饮冰室合集》第1册，中华书局，1989。
② 梁启超：《中学以上作文教学法》，中华书局，1925。
③ 梁启超：《趣味教育与教育趣味》，《文集》第5册第38卷，《饮冰室合集》第1册，中华书局，1989。

人士，中华民国首任教育总长。1916～1927 年，蔡元培任北京大学校长；1920～1930 年，同时兼任中法大学校长。

蔡元培的教学思想和对教学艺术研究的成果主要在担任大学校长期间形成和取得。他作为校长，对教学艺术的研究侧重于教学思想的创新，为教学艺术创新和人才培养水平不断提高奠定了基础。其一，蔡元培所提出的"融通文理"对我国大学教育产生了深远影响。1918 年 10 月，关于人才培养"融通文理"建议在北京大学校务会上通过，随即开始试点。他所采取的措施是大学本科"融通文、理两科之界限；习文科各门者，不可不兼习理科中之某种（如习史学者，兼习地质学；习哲学者，兼习生物学之类）；习理科者，不可不兼习文科之某种（如哲学史、文明史之类）"①。于是，北京大学实行了"废科设系"改革，撤销文、理、法三科，全校专业归属 14 个系，并取得了显著的教学成果。一百年前，蔡元培就提出"融通文理"并强力实施，由此可见蔡元培的远见卓识。其二，1912 年，蔡元培在《对于新教育之意见》中认为军国民主义教育、实利主义教育、德育、世界观教育、美育五者不可偏废。②他还认为："美术一方面有超脱利害的性质；一方面有发展个性的自由。所以沉浸其中，能把占有的冲动，逐渐减少；创造的冲动，逐渐扩展。"③蔡元培所提出的"五育并

① 中国蔡元培研究会编《蔡元培全集》第 3 卷，浙江教育出版社，1998，第 209 页。
② 欧阳哲生编《中国近代思想家文库·蔡元培卷》，中国人民大学出版社，2014，第 112 页。
③ 蔡元培：《蔡元培美学文选》，北京大学出版社，1983，第 148 页。

举"思想特别是对美育的推行，在我国现代美育史上同样具有开创意义。

五　中国当代大学教学艺术发展掠影

新中国成立 70 年来，我国大学教学艺术之发展与社会发展大背景一致，以 20 世纪 70 年代末改革开放初期为界，前后分为两个时期。前期的大学教学，一方面，按照中央人民政府统一部署重点有计划有步骤地改革旧的教育制度和教学内容；另一方面，根据新中国社会发展需求从 1951 年下半年开始，重在改变和调整旧中国高等院校的布局和系科设置。这一时期对大学教学艺术则研究甚少，"文革"开始后则完全停滞。后期的大学教学，特别是 20 世纪 80 年代中期以来，随着大学教育理论领域的活跃和教学改革的深入，教学艺术研究发生了根本性的变化。不仅出版和发表了大量的教学艺术专著和学术论文，而且从学校到各级政府围绕人才培养质量的不断提高均特别重视对教学艺术的研究，还专设大学教学成果奖或教学名师奖，定期或不定期地开展评选，教学艺术研究可谓百花齐放，成果丰硕。

南京师范大学教育科学学院李如密教授的《教学艺术论》1995 年 9 月由山东教育出版社出版，为我国第一部此类专著。此后，李如密借鉴艺术学、美学、心理学等学科成果，对《教学艺术论》做了较为全面的修订，2011 年 6 月该著又作为普通高等教育"十一五"国家级规划教材在人民教育出版社出版。《教学艺术论》注重突出"技艺—规律—主体创造"内容结构，充分反映了教学艺术研究的新趋势和新成果。站在全球大学角度，比较全面反映中外教学名师教学艺术成果的是湘潭大学文学与新闻学院宋德发教授所著《大学教学名师研究》①。该著作者是教育部"精彩一课"之"文学的功能"（2015 年 9 月）的主讲人，教学功底扎实，又长期专注大学教学艺术的研究，另有《如何走上大学讲台——青年教师提高讲课能力的途径与方法研究》②《大学的痛与梦：宋德发教育随笔》③《元典教学的价值与困境》④ 等多种论著发表，从学理和实践层面对大学教学艺术进行了深度探讨，其成果即使在世界范围亦较为领先。河北联合大学经济管理系王子平教授也是较早研究教学艺术的学者之一，所著《论大学教学艺术》发表在《河北理工学院学报》1999 年第 3 期上。该文以"大学教学过程必然是科学性和艺术性的统一"为前提，对教师仪表艺术、语言艺术和板书艺术做出了深刻揭示，多有著者创见。

从整体而言，近 30 年来，我国大学教学艺术研究成果主要表现在以下几个方面：一是不仅明确提出"教学艺术"概念，而且出版了若干部有关教学艺术专著，发表的相关学术论文更是不计其数；二是教学艺术已成为大学管

---

① 宋德发：《大学教学名师研究》，湘潭大学出版社，2015。
② 宋德发：《如何走上大学讲台——青年教师提高讲课能力的途径与方法研究》，湘潭大学出版社，2013。
③ 宋德发：《大学的痛与梦：宋德发教育随笔》，湖南人民出版社，2014。
④ 宋德发：《元典教学的价值与困境》，《现代大学教育》2010 年第 2 期。

理者和实践者广为重视的专业领域，从校级到省部级以及国家级教学研究课题立项、教学成果奖、教学名师奖等均成常态；三是对教学艺术进行多学科审视，在常规的教育学、心理学、语言学思考的基础上，开始引入美学、社会学、信息学、传媒学等学科的观点和方法进行研究，研究视野得到拓展；四是基于情感是教学个性特征最为活跃的因素，深度开展了诸如情境教学、愉快教学、成功教学等教学艺术实验，以期达到师生教学交流的最佳状态；五是大学教学艺术研究已明确由经验过程描述上升为学理认识和实践探索，抽象揭示教学实质的程度已大大提高，对教学实践的影响不断增大。

当然，大学教学艺术研究没有止境，仍有一些问题有待同人共同努力，不断拓新，深入发展。早前有学者指出："我们对教学艺术的认识，还没有达到能对它下一个恰当的、能反映其本质的、公认的定义的程度，还需要通过教学研究的实践进行艰苦的探索。"① 十多年过去了，这个问题依然存在。其根本就在于教学场域和方式的变化，传统的面对面的课堂教学不断受到信息传媒学发展的挑战，一种全新的通过租用网络互动直播技术服务的不受时空限制的高水平、更快捷、可互动的远程教学课堂形式——云课堂——正愈来愈得到学生的普遍欢迎。然而，云课堂没有稳定的授课对象，实时课堂互动也无法实现，我们所谓之教学艺术的情感性、创造性等特征有待做出新

---

① 董远骞：《中国教学论史》，人民教育出版社，1998，第160页。

的描述。

应该说，教学艺术的发展是以不断满足教学改革实践的需要为动力的，当下教学实践的深化一定会推动教学艺术向纵深发展，我们期待着大学教学艺术的明天更加美好。

史前人文洞庭暨湖湘大学以文化人

　　"以文化人"是党和国家对大学人才培养新要求。这里的"文"指中华民族传统精华，也指大学所在区域人文特色。湖湘有哪些历史文化值得继承？所谓"南蛮"是怎么回事？有何启示？这里涉及考古学、地球学等专业问题，但实施"以文化人"又必须面对。

　　长期以来，我们常以拥有五千年文明而倍感骄傲，但中华文明从西周有共和纪年（前841）开始，有史时代不到3000年，余下的得从传说中的三皇五帝算起。洞庭湖为中国内陆著名淡水湖，是湖湘"母亲湖"。可喜的是，从20世纪70年代至今，一大批湖湘新石器时代考古成果公布，史前有先人活动遗存的时代距今已有8000多年。费孝通先生指出，湖湘新石器文化"曾是一个与中原华夏并峙的多元统一体"①。本文将从这里入手，一方面对史前

---

　　① 费孝通：《中华民族的多元一体格局》，《北京大学学报》（哲学社会科学版）1989年第4期。

"人文洞庭"考古新成果及湖湘远古文明进行梳理，另一方面就当今大学尤其是湖湘区域大学"以文化人"略做探讨。

一 洞庭水系及湖区史前遗址考古新发现掠影

洞庭水系及湖区由面积 2691 平方千米的洞庭湖和入湘、资、沅、澧等中小河流组成，北通城陵矶湖口再汇入长江，形成少有的湖江一体水域。湖区及水系面积占长江流域总面积的 14.6%，其中湖南省境内 20.48 万平方千米，占 78%，其余属周边诸省份。从史前遗址看，这里很早就是一个独立文化区系，且在中华文明乃至世界文明史上曾创造出若干个第一，进而形成为世人所关注的"人文洞庭"现象。

中华文明史按照考古学和历史学特征一般分为五个时代：一是旧石器时代，约公元前 300 万年至公元前 1 万年；二是新石器时代，约公元前 1 万年至公元前 3000 年；三是铜石并用时代，约公元前 3000 年至公元前 2000 年；四是青铜时代，约公元前 2000 年至公元前 841 年；五是有史时代，即从"共和元年"（前 841）开始至今，共约 3000 年。其中，新石器时代又分为早、中、晚三个时期。下面即从史前新石器肇始至公元前 841 年这个时段，按照时序对湖湘主要考古遗址及人文发展概要如次。

（一）新石器早期遗址（约前 10000～前 7000）

新旧石器的转变，即人类从原始"利用经济"到"生产经济"的转变，其标志是农业起源及村乡聚落出现。

本时期代表遗址是玉蟾岩。该遗址位于湘江上游寿雁镇，由中美联合组织发掘。美国《考古科学杂志》2009年第 36 卷刊发的《旧石器晚期末的资源强化：以中国南部为视角》一文披露，玉蟾岩出土的五枚炭化稻谷属古栽培稻，距今约 1.8 万～1.4 万年，是世界上发现最早的人工栽培稻；出土的陶片距今约 2.1 万～1.4 万年，比世界其他地方发现的陶片要早好几千年。故该遗址有"天下谷源，人间陶本"之美称。20 世纪 20 年代，仰韶文化遗址的发掘，破除了"中国无石器时代"的谬论，而今随着玉蟾岩遗址的发掘，中国新石器早期年代上限确定在公元前10000 年终被世界认可。[①] 因仰韶文化遗址、玉蟾岩遗址等中国新石器遗址的发掘，世界学术界所谓"中国文化西来说"自然而然销声匿迹，中国不仅是一个拥有 5000 年发展史的文明古国，而且万年以上的土著文化也逐步得到举世公认。

距今约 9000～7900 年，位于澧水以北澧阳平原的彭头山遗址，其文化面貌与以往所发掘新石器遗址完全不同，科学家在这里发现了世界上最早稻作农业痕迹——稻壳与谷粒，显然是玉蟾岩稻作的发展[②]，已被命名为"彭头山文化"，是中国新石器早期文化代表。近年在新化县大熊

---

① 参见朱乃诚《中国新石器时代早期文化遗存的新发现和新思考》，《东南文化》1999 年第 3 期。
② 参见裴安平、曹传松《湖南澧县彭头山新石器时代早期遗址发掘简报》，《文物》1990 年第 8 期。

山东南麓还发现一块功德碑，碑上有"蚩尤屋场之螭蛇现"云云，表明上古蚩尤部落或后裔曾在此居住①，该是中国最早聚落所在。

（二）新石器中期遗址（约前7000～前5000）

本时期发掘遗址较上一时期有所增加，面积也有所扩大，遗存内涵更丰富，且多以考古学"文化"定名，特征突出，体现了创新内涵。

一是位于澧水以北的皂市下层遗址，已被命名为"皂市下层文化"，是第七批全国重点文物保护单位。该遗址具有两大特点：其一，遗存丰富，且因早于大溪文化，对洞庭湖区史前文化原分为"大溪文化—屈家岭文化—龙山文化三个阶段"来说是重大突破；其二，出土的生产工具是采用砾石磨制和用燧石加工而成的小型石器（细石器），为重新认识长江中游地区原始文化"细石器传统"提供了重要线索。②

二是位于沅水中游北岸的高庙遗址，已被命名为"高庙文化"，是第六批全国重点文物保护单位。其文化特征有四。第一，出土有大型祭祀场所，呈南北中轴线布局，由主祭（司仪）场所、祭祀坑以及与祭祀场所相关的附属建筑等三部分组成。且牲祭、人祭、窖藏等场所一应俱全。因祭祀场所颇具规模，且保存有祭祀所需的各类设

---

① 参见杨理胜《史前时期的梅山蛮族及其文化》，《湖南人文科技学院学报》2013年第3期。
② 参见金则恭、贺刚《湖南石门县皂市下层新石器遗存》，《考古》1986年第1期。

施，具有引领长江、黄河流域祭祀文化的功能。第二，出土了大量陶器和宗教祭祀艺术品，陶器中流行的戳印凤鸟纹和獠牙兽面纹面案，其神秘性和艺术性可与良渚玉器和商周青铜器上的图案相媲美。第三，发掘出一对夫妻墓，墓中存放有作为贵族权力象征的祭祀用品玉钺，贵族妇女装饰用品玉璜、玉玦等，表明"专偶婚"——一夫一妻制家庭出现，这在全国是最早的，是社会进步的突出象征。第四，还发掘出距今8000年之久的城市遗址，比传说中的夏代要早近4000年，比古埃及的"州"要早1000多年。①

三是位于湘江东岸的大塘遗址。以彩陶、刻画符号及彩绘图案为独特文化标签，已被命名为"大塘文化"。其中，褐彩双耳陶罐上刻画的"太阳""向着太阳口含禾苗的鸟""南方干栏式房屋""流水纹"等象形符号，表现了太阳与农作物的关系，可视为长沙先民农耕文化的艺术表现。该陶罐已被列为长沙陶瓷中头号瑰宝。②

四是位于松溪与沅江交汇处，距辰溪县不远的松溪口遗址，其遗存以"蚌塑龙"为特色，表明了沅江先人对龙的崇拜，也昭示着湖湘比中原要早3000多年进入父系社会，中华儿女统称"龙的传人"，根在辰溪。

（三）新石器晚期遗址（约前5000～前3000）

湖湘在本时期依然快速发展，汤家岗遗址、城头山遗

---

① 参见贺刚、向开旺《湖南黔阳高庙遗址发掘简报》，《文物》2000年第4期。

② 参见何介钧、周世荣《湖南安乡县汤家岗新石器时代遗址》，《考古》1982年第4期。

址和丝茅岭遗址是其代表。

汤家岗遗址位于安乡县境内，西临澧水。它以艺术神器白陶的创新闻名于世，陶塑猴头为原始社会艺术品，其制作工艺精美，令人叹为观止。它也是长江中游古文明的一个摇篮，已被命名为"汤家岗文化"。[①]

城头山遗址位于澧阳平原，时间为公元前 4000 年至公元前 2800 年，是迄今为止时代最早和保护最完整的古城遗址，被誉为"中国最早的城市"。先后出土古城遗址、大型祭坛以及灌溉设施完备的世界最早的水稻田。它代表了长江流域新石器时代古文明的发展高度，对研究人类早期城池的建立以及国家的产生具有重要意义。2001 年，被评为"中国 20 世纪 100 项考古大发现"之一，并镌刻在"中华世纪坛"青铜甬道上。[②]

同期较有影响的还有湘江之滨的彭家岭遗址，其文化堆积为南岳悠久的制历文化和祭祀文化形成提供了深厚沃土；资江流域白面寨遗址出土的石纺轮、陶纺轮和骨针等，说明当时人们已学会缝合兽皮做成衣服[③]；丝茅岭遗址的聚落防御设施完备，壕沟围绕遗址形成屏障，为研究当时的聚落形态、生活状况等提供了科学信息[④]。

---

① 参见何介钧、周世荣《湖南安乡县汤家岗新石器时代遗址》，《考古》1982 年第 4 期。

② 参见单先进、曹传松、何介钧《澧县城头山屈家岭文化城址调查与试掘》，《文物》1993 年第 12 期。

③ 参见李国斌《白面寨遗址出土宝物多》，《湖南日报》2011 年 10 月 10 日。

④ 参见潘茂辉《益阳市沙头镇丝茅岭新石器时代遗址调查报告》，《江汉考古》1999 年第 1 期。

（四）铜石并用时代遗址（约前3000～前2000）

本时期遗址表明聚落进一步向城市迈进，陶器更加精美，财富明显增加，人们生活两极分化，预示着文明社会新阶段行将来临。例如位于沅江上游的斗篷坡遗址，发掘带柱洞房基54座，是目前长江流域原始社会时期规模最大、研究价值最高的古建筑遗址之一；同时还清理出478座墓葬、20余个灰坑、7座窑址，出土玉、石、陶生活生产用具、兵器、装饰器等3000余件。澧水上游有朱家台遗址，出土的泥质陶罐腹部刻有一周蚕纹，至今仍为国内罕见。此前，在距今约6500年的河姆渡遗址，人们发现了一个牙雕小盅上刻有蚕纹图案，被视为野蚕人工驯化之始，朱家台陶器上的蚕纹饰，当被视为古人类强化资源利用的新成果。①

（五）青铜时代遗址（约前2000～前841）

中国青铜时代，相当于传说中的五帝时代，另包括夏、商、西周时期，约1200年历史。中国作为世界文明古国，本时期仍属于世界发展中心之一，青铜时代的绚丽文化与奴隶制社会形态相适应。第一，目前世界上最早的冶炼铜（新石器晚期）即发现于陕西姜寨遗址，而本时期又有河南二里头遗址发掘等；第二，河南殷墟遗址代表着中国青铜时代的鼎盛时期，甲骨文也于此地成熟，是商王

①　参见师悦菊、周扬声《湖南桑植县朱家台商代遗址的调查与发掘》，《江汉考古》1989年第2期。

朝名副其实的政治中心。遗憾的是，此时的湖湘却出现了断层。一方面，至今已发掘的本时期遗址在中国东南西北中可谓全面开花，但在湖湘能代表本时期历史进步的遗址很少；另一方面，湖湘较有影响的本时期遗址现仅有宁乡炭河里和罗家冲遗址，唯一值得骄傲的是炭河里出土了国宝级青铜礼器——四羊方尊，然而有学者据《广宗县志》指证，这是由时任河北省广宗县县长的宁乡县黄材区月山乡人氏姜谧荣（1900～1986）此前从北方带回宁乡县埋藏以避战乱的。

二 史前"人文洞庭"与中华万年文明史的几个问题

因为旧石器考古对远古人类生活反映有限，对直立人乃至晚期智人的生存状态知之甚微，故探讨中华史前文明只能从新石器时代寻找源头。我们十分认同 20 世纪是中华上古史大规模被推翻的时代，21 世纪则是需要我们对中华史前文明重写的时代。但中国有史时代不到 3000 年，而现在我们提出中华万年文明史，究竟该如何重写？我们认为，有文字记载的历史是历史的一部分，民间传说和考古发掘埋在"地下的历史"也是历史的组成部分，后者更是真实历史的客观存在，是重写的基本依据。

（一）中华万年文明史需要重新认识史前"人文洞庭"

首先要澄清两个历史观点：一是神话虚无说；二是商代起源说。20 世纪初，顾颉刚先生曾谈到，诸如黄帝、炎帝等神话在中国历史上并不存在，甚至还认为大禹是一条"虫"。①郭沫若先生在《中国古代社会研究·导论》中指出："商代才是中国历史真正的起头。"②两说均局限于当时有限的考古，但两位又是极为顶尖的专家，以上观点至今尚有影响。夏鼐先生说得好，中国史前文明要凭借考古，"把文明起源放在新石器时代中"，"文明是由'野蛮'的新石器时代的人创造出来的"。③

我之所以要特别强调史前"人文洞庭"，一方面是基于以上著名学者错误的历史观，另一方面则在于当代仍有人囿于成见研究历史，并已引起学界不满。④《史记·五帝本纪》载舜"放驩兜于崇山（今张家界市郊），以变南蛮"，似乎湖湘自古就是"蛮荒极边之地"。费孝通先生于1989年提出湖湘新石器文化可与中原并峙，这在当时的确不易。因司马迁的"南蛮"评价，中华文明起源于中原已写入正史；同时，20世纪80年代末，玉蟾岩、城头山和高庙遗址等震惊中外考古界的遗址均未发掘。今天，湖湘新石器考古新发现的确颠覆了我们对中华文明史的很多认知，而且重新认识史前"人文洞庭"已渐成学界主流。严文明先生认为，黄河和长江中下游，"在全国范围的新石器文化中起了凝聚的核心作用"⑤。罗二虎先生更明确："在中国早期城市发展的进程中，铜石并用时代前期以前长江流域的

① 顾颉刚：《与钱玄同先生论古史书》，《读书杂志》1922年第9期。
② 郭沫若：《中国古代社会研究·导论》，商务印书馆，2011。
③ 夏鼐：《中国文明的起源》，文物出版社，1985，第96页。
④ 参见周行易《新化"蚩尤故里"考辨》，《企业家天地》2012年第10期。
⑤ 严文明：《中国文明起源的探索》，《中原文物》1996年第1期。

步伐可能要快于黄河流域。"① 也有学者认为："高庙文化对华夏文明的影响还表现在南方文化的北渐……并与北方长城地区南下中原的古文化一起，直接导致了中原地区华夏文明的出现。"② 史前"人文洞庭"与中华文明起源问题并非本文重点，我只是感觉我们应根据考古新成果积极构建新石器时代中华文明的发展轨迹，理智分析所谓"南蛮"的前因后果，以及史前"人文洞庭"的宝贵财富，进而努力创新当下大学特别是湖湘区域大学"以文化人"问题。

（二）三皇五帝时代的"人文洞庭"

所谓"三皇五帝"，《史记·秦始皇本纪》云："古有天皇，有地皇，有泰皇。"《史记·五帝本纪》列黄帝、颛顼、帝喾、尧、舜为五帝。相传三皇五帝还有其他说法，此不一一列举。后来人们讲三皇五帝并非确指，或是传说中为人类做出卓越贡献的部落首领，后人追尊他们为"皇"或"帝"；或多指特定历史时期，即"传说时代"，具体又分为"三皇时代"（指"以石为兵"的新石器时代）和"五帝时代"（大体上等于青铜时代）。为了强化三皇五帝传说的真实性，学界几千年来一直没有放弃研究。

五帝时代的"人文洞庭"为何变成"南蛮"？从三皇五帝传说的角度来全面审视"人文洞庭"的过去也许能给

---

① 罗二虎：《长江流域早期城市初论》，《文物》2013 年第 2 期。
② 刘俊男、孙建：《论湘西武陵地区远古文化在中华文明中的地位》，《湖南社会科学》2015 年第 3 期。

人启示。

1. 从五帝时代遗址发掘看

湖湘本时期遗址虽数量不少于前几个时期，但出土相关遗存却仍以石器、陶器为主，青铜器较为罕见，好像历史还在原地踏步。即使有炭河里和罗家冲遗址，我们也不能以国宝四羊方尊而掩盖本时期湖湘发展落后的事实。在皂市中层遗址虽也出土了一批铜制工具，但数量有限，质量也不够同时代水准。

2. 从传说和相关遗存看

相传有"三皇五帝"之名号的，诸如炎帝、蚩尤、黄帝、舜帝、大禹等无不与湖湘关系密切。

《周易·系辞下传》云："包牺氏没，神农氏作，斫木为耜，揉木为耒，耒耨之利，以教天下。""耒"作为生产工具最早出土即在澧阳平原八十垱遗址，表明神农氏（炎帝部落）曾在湖湘与民劳作。《汉书·魏相丙吉传》载："南方之神炎帝，乘离执衡司夏。"《路史·蚩尤传》又载："蚩尤姜姓，炎帝之裔也。"相传蚩尤为九黎和三苗部落联盟首领。《战国策·魏策》载："昔者三苗之居，左彭蠡之波，右有洞庭之水，文山在其南，而衡山在其北。"由上可知，蚩尤部落起源于湖湘等地，且炎帝和蚩尤很有可能都是湖湘人氏。皇甫谧《帝王世纪》载，炎帝晚年在南方为民治病，后因误尝"断肠草"，而"崩葬长沙茶乡之尾"。而今，炎帝陵就坐落在株洲市炎陵县城西鹿原陂，炎帝陵祭典已被评为全球最具影响力的根亲文化盛事。另《史记·五帝本纪》载黄帝称帝也曾"登熊、湘"。"熊"，指今新化县东北"熊山"，也称"大熊山"①；"湘"，指今洞庭湖中之君山②。湖湘在黄帝看来也应举足轻重。舜帝作为五帝之一，《史记·五帝本纪》载舜"南巡狩，崩于苍梧之野。葬于江南九疑"，《山海经》载"湘水出，舜葬东南陬"，可知舜帝传说也源自湖湘。而南岳衡山禹王碑，即为大禹治水功德碑，大禹治水重点也应在湖湘。

以上并非纯粹的神话，原始人不复杂，传说虽有一定荒诞性，但必定植根于现实。陈连开先生说得好："中国的神话体系与西方是不同的，它是古史的传说，即古史的一部分。"③ 应该说，三皇五帝时代的"人文洞庭"较为发达，这与"南蛮"评价不太对应。

（三）史前"人文洞庭"之盛衰及其多学科分析

湖湘在新石器时代是"天下谷源，人间陶本"，世界上最完整最早的古城遗址也在这里。十多年前，任式楠先生在一篇文章中从粮食作物、栽培蔬菜、家禽家畜、房屋建筑、彩陶、白陶、玉器等七个方面总结中国新石器文化主要成就，湖湘几乎均处于领先地位。④ "中国 20 世纪 100 项考古大发现"，新石器时代有 30 项，其中湖湘有 2 项，

---

① 参见《大清一统志·宝庆府一》或《方舆览胜》。
② 参见韩兆琦评注《史记》，岳麓书社，2004，第 2 页。
③ 陈连开：《论中华文明起源及其早期发展的基本特点》，《中央民族大学学报》2000 年第 5 期。
④ 任式楠：《公元前五千年前中国新石器文化的几项主要成就》，《考古》1995 年第 1 期。

在全国并列第 2 位。① 令人惊讶的是，国际国家文明起源五要素，即文字、城市、青铜器（冶炼术）、宗教礼仪性建筑以及国家的建立，在湖湘新石器考古中的确独标异彩。西方学者把两河流域苏美尔文明神像上刻画的"×"象形符号，当作"世界第一字"，但在彭头山遗址出土的石质装饰品上也刻有"×"符号，而它比前者要早两三千年。

史前近万年耀眼的"人文洞庭"之所以形成，与其地理和人类学因素相关。湖湘地形地貌非常独特，东南西三面环山，南高北低，朝东北方开口临水形成不对称马蹄形盆地。西边有武陵山、雪峰山构成东西交通屏障，南边东西向有南岭山脉横亘，东边有连云、九岭、万洋等山连成一线。全境湘、资、沅、澧四水由南往北，在湘北汇入洞庭湖。洞庭湖周边则因河湖冲击形成素以"鱼米之乡"著称的洞庭湖平原。湖湘属于红壤区，在全新世初期极适宜于树木和植物生长，野生动物也较为丰富。在极不发达的史前时期，地形相对封闭的湖湘却因有山有水、资源供给无忧，生存条件优势突出。应该说，石器时代的人类对地理资源的依赖处于首位，它正是早期原始人"利用经济"的前提。而在中国那些自然条件不理想的地区，即使到了新石器晚期，目前所发掘遗址也仍然很少。正如中国能成为世界四大文明古国之一，其地理因素正是优势。

湖湘的中华史前文明如此发达，为何商周前后又的确

---

① 参见《专家评出"中国20世纪100项考古大发现"》，《人民日报》（海外版）2001年3月31日，第1版。

落后于中原，直至秦以后才逐渐恢复"人文洞庭"往日的灿烂景象？

第一，从现有史料看，虽然早前殷墟已有甲骨文，但商周时期并未普遍应用，有关三皇五帝传说均为口传，由后人所追记。《史记·五帝本纪》有一段文字值得我们关注：

> 轩辕之时，神农氏世衰，诸侯相侵伐，暴虐百姓，而神农氏弗能征。……炎帝欲侵陵诸侯，诸侯咸归轩辕。轩辕乃修德振兵……以与炎帝战于阪泉之野。三战，然后得其志。蚩尤作乱，不用帝命。于是黄帝乃征师诸侯，与蚩尤战于涿鹿之野，遂禽杀蚩尤。而诸侯咸尊轩辕为天子，代神农氏，是为黄帝。

"轩辕之时"，指轩辕氏黄帝起势时代；"神农氏世衰，诸侯相侵伐"，神农氏即相传"南方之神炎帝"所率领部落，因实力日衰，故不能保其湖湘百姓平安，可知湖湘曾经历一场持续大乱。蚩尤系南方上古九黎及三苗集团首领，与炎帝同属神农氏，经梁启超等学者考证，现苗族就是三苗后裔，九黎是三苗先民，黄帝擒杀蚩尤而称帝，此可谓中国早期政治势力大"洗牌"，湖湘社会于商周之际倒退不难想见。

第二，据地球学、古气象学研究，新石器时代的中国，地壳和环境气候变化非常强烈，对湖湘影响巨大。[1]

---

① 参见张人权等《洞庭湖区第四纪气候变化的初步探讨》，《地质科技情报》2001 年第 2 期。

其一，洞庭湖区在地质时期原本是雪峰古陆的一部分，是河湖切割的平原，直到新石器中期前后，洞庭水系及湖区才逐步形成，但又因这里处于断裂地带，地震频发，或许商周之时在湖湘发生过一场天灾，结果很惨。[①] 其二，进入以冰后期为标志的全新世（相当于新石器时代开始）后，全球气候普遍转暖。据竺可桢等学者研究，殷墟十万多件甲骨，其中数千件都与求雨求雪有关。当时黄河流域气温近于热带气候，"西安和安阳地区也有十分丰富的亚热带植物种类和动物种类"[②]，而长江中游的洞庭湖区则上升为中热带气候，如在澧阳平原三元宫遗址就曾发现亚洲象的遗骸[③]。湖湘地区也曾是适宜亚洲象生存的热带森林和竹阔混交林之所在，但最后亚洲象毕竟又逃离这里，如此变化令人唏嘘。

三　湖湘大学"以文化人"总体建设思路

教育的根本目的是培养人，社会发展、经济建设等目的都要归入这个根本。党中央、国务院提出大学应注重"以文化人"，这是党关于教育方针的重大突破。"化人"者，即通过大学教育使我们的服务对象成为一个真正的人；"以文"者，指明了"化人"的凭借或路径，"文"

---

① 何业恒：《洞庭湖地区环境演变的初步研究》，《湖南师范大学自然科学学报》1982 年第 2 期。

② 参见竺可桢《中国近五千年来气候变迁的初步研究》，《中国科学》1973 年第 2 期。

③ 参见向安强《洞庭湖区史前农业初探》，《农业考古》1993 年第 1 期。

史前人文洞庭暨湖湘大学以文化人·075

就是人文，是关于人的发展的文化。人文需要选择，特别需要我们结合史前"人文洞庭"总结经验，吸取智慧，传播价值。

（一）"人文洞庭"万年文明的文化基因

从史前"人文洞庭"遗址发掘简报的梳理不难发现，其万年文明的文化基因始终为人们所遵循，有些甚至与我们今天所倡导的价值观一脉相承，从而显示出古为今用的价值。略举数例如次。

膜拜自然理念　在石器时代，人类之于自然界的渺小很难想象。湖湘丰富的水资源在全国比较突出，水是生命之源、生态之基，湖湘先人逐水而居，围绕洞庭水系及湖区劳作生息，其行为本身不就是顺应自然吗？传说大禹治水的最大成功是疏而非堵，同样体现了"大道自然"理念。大塘遗址出土的褐彩双耳陶罐上刻画的"太阳"以及"向着太阳口含禾苗的鸟"等，也表明了湖湘先人对自然的神往。当然，湖湘先人膜拜自然也有积极遵循。相传南岳在新石器时代即为华夏观象制历中心，夏禹制"夏历"也在南岳；祝融作为"火正官"，其职责就是观测天象以利农时，人们无比崇敬祝融，南岳 72 峰最高峰即以"祝融"命名。

服首尚群理念　有学者撰文认为新石器早期末八十垱遗址的人工围沟系长江流域城市滥觞[1]，我们认为，这正是湖湘先人追求大聚落生活取向的象征，到城头山遗址城

---

[1]　罗二虎：《长江流域早期城市初论》，《文物》2013 年第 2 期。

垣出现，远古人类对在强人带领下相互保护的集团生活的呼声更为明确。这就是服首尚群理念。服首，服从群首，接受统治；尚群，崇尚群体生活，维护群体利益。这应是湖湘先人别无选择的生存方式。服首意识较为普遍：大禹治水"七年闻乐不听，三过家门不入"，人们立碑以示敬仰；九黎和三苗部落均听命于蚩尤，正因为他是战神，铜头铁额，八条胳膊，本领非凡；高庙和城头山遗址的人祭遗存，当是人们对群首最原始、最残酷的迷恋。

笃行求真理念 "求真"就是"求是"，就是注重在实践中认识事物本质，这也是湖湘农耕文化很早就形成的一种文化精神。突出表现有二。一是当"利用经济"出现危机时，对水稻栽培的探求则成为农耕文化的必然。从玉蟾岩出土"最原始的古栽培稻类型"①，再到古栽培稻，最后到城头山遗址所发掘的迄今灌溉设施最完备的世界最早水稻田，此时水稻栽培与玉蟾岩遗存时期已不可同日而语，实属不易。二是湖湘先人在与自然界抗争过程中不断寻找自我确证，进而形成朴素的图腾崇拜，相应的原始祭祀活动也特别繁荣。在临澧县竹马村遗址发掘出距今 1.8 万年带甬道的"T"字形高台式土木建筑，经认定为人类最早的祭坛；在高庙遗址中，发现了大型祭祀场所，祭祀用陶器上面还装饰有凤鸟和太阳等图案，实际上就是该部落人群朴素的图腾崇拜。另在湖湘大塘遗址、彭家岭遗

---

① 张文绪、袁家荣：《湖南道县玉蟾岩古栽培稻的初步研究》，《作物学报》1998 年第 4 期。

址、松溪口遗址、黄田铺遗址、城头山遗址等，几乎近半新石器遗存都与祭祀活动有关，这在全国极为少见。或许湖湘环境相对闭塞，更能培养人的独立思考精神，尤其是拥有丰富的智慧灵光的洞庭水系及浩浩洞庭湖，必然注定湖湘先人有求真的本性——图腾观念与祭祀活动是其反映。当然，祭祀的发达与生产力落后紧密相关，但它并不只是生产力落后的产物，更重要的原因是原始人人本的觉醒，而且这种觉醒将是人类永远的乡愁。

实用美学理念 墨子最早总结出美的第一特性是功利性。美——只能在生产劳动中产生，它可以给人带来某种便利或愉悦。石器时代的石制工具就是早期人类美术。从湖湘新石器遗址出土的石器、陶器看，从简单打制到色彩鲜明、工艺精致、反映生活的器物，在功利前提下的确体现了一定的装饰美。车轱山遗址发掘出的盆形大鼎、扁宽麻面鼎足、圈足盘、绳纹罐、长颈壶和鬶等一批最具装饰美的日用器物，可谓湖湘先人绝妙的审美创造。高庙遗址陶器上颇具特色的由戳印篦点纹组合而成的獠牙兽面和飞鸟等图案，表现出美与人们对宗教的虔诚融为一体。

敢于创新理念 晚清有个说法流传很广，即"中兴将相，什九湖湘"；当代又有学者认为"半部中国近代史由湘人写就"。[①] 湖湘人凭什么纵横天下？人们普遍认同的就是"敢为天下先"的精神。这也是湖湘先人的文化基因之一。玉蟾岩出土的陶器上的手工制作的植物纤维编织物印

---

① 王开林：《纵横天下湖南人》，北京十月文艺出版社，2004。

痕，是世界上发现的年代最早的植物纤维手工编织物痕迹，是全球纺织工业的萌芽；船舵（原始的艄形舵）是湖湘人对全人类最伟大的贡献之一，最早即在距今 7000～6000 年的城头山遗址中发现。

开放发展理念　白陶系湖湘新石器文化重要内涵之一，以其独具特色、工艺水平高超的日用白陶器皿蜚声海内外。一方面，皂市下层遗址最早发现白陶，随后即在湖湘广为传播，晚于该遗址年代的如松溪口遗址、汤家岗遗址、磨山遗址等均有出土，且各有特色，再以洞庭水系为通道辐射至陕西、广东、江浙一带；另一方面，白陶工艺在开放中不断创新，如在汤家岗遗址还发掘出带有彩绘的白陶，不仅进一步丰富了中国古代陶器彩陶、黑陶和白陶系列，而且体现了白陶工艺的发展，其"印纹白陶和白衣红陶，是目前发现时代较早的印纹陶"①。

厚德载物理念　原始人对宇宙有个朴素看法，认为天地最大，天为阳，地为阴，阴阳合而万物生，四时行。此种境界正是为人处世的努力方向，即《周易·坤卦》所谓"君子以厚德载物"。其关键即在顺应天意，阴阳相合。高庙遗址发掘出的夫妻墓，就是阴阳合墓，这是人类文明的进步。松溪口遗址出土的近 8000 年前的"蚌塑龙"和陶器上的凤纹图案，说明辰溪先民最早以龙凤为氏族图腾，也暗示阴阳相合，龙凤呈祥。

---

①　何介钧、周世荣：《湖南安乡县汤家岗新石器时代遗址》，《考古》1982年第 4 期。

（二）当下大学"以文化人"的种种误区

虽然党中央明确提出大学"以文化人"要求时间不长，但中国自古就有"观乎人文，以化成天下"①的传统，人文教育一直是学校教育的组成部分。自 20 世纪 90 年代开始至今的加强大学生文化素质教育的改革，为全面育人开了个好头，当下"以文化人"应是此前改革的深入。回顾过去，有些误区需要修正。

一是教育目的与教育方针相背离的误区。从根本上讲，应是目的决定方针，"方针"是为实现目的而制定的具体行为准则与路线。目的相对恒定，方针带有阶段性和政党性。教育的根本目的是培养人，由"工具论"主导的无人教育不能重演，否则，大学"以文化人"从史前"人文洞庭"汲取营养就显得目的模糊。

二是关于大学教育基本任务的误区。中国大学近些年关于 21 世纪人才培养质量的新标准似乎比较一致——所谓"合格产品"就是用户满意，就是高就业率——这对我们推进"以文化人"再次提出严峻挑战。大学的根本任务究竟是什么？我多次说过，培养具有类主体形态特征的人，是大学恒久不变的主题。②切不能为突出其他目的而忽视甚至抹杀人应有的权利和地位。当下中国大学人才培养有突出的功利倾向，如任其发展，必然导致无人教育泛

----

① 《周易·贲卦·象传》。
② 魏饴：《略论"文艺鉴赏"人本中心课程建设》，《中国大学教学》2013 年第 11 期。

滥，将"以文化人"实践引入歧途。

三是关于人文教育和专业教育的误区。新中国成立以来，大学照搬苏联模式，视专业教育为大学教育根本，人文教育一直是陪衬。马克思说过，"人是人的最高本质"[①]，人文教育无疑应摆在学校教育首位。我们正在实施世界一流大学和一流学科（"双一流"）建设，如果这里再加一个"一流人才"，我觉得会更加全面。爱因斯坦说："学者必须德才兼备，与美善为邻。徒有专业知识，只不过像一头训练有素的狗，而非仁人君子。"就是告诫我们应注重培养人文素质。恰恰相反，中国大学近些年对根本就没有人文科学权重的泰晤士大学排行之类乐此不疲，人文教育包括文科专业却极端被人轻视，由此下去，学科、经济即使全球第一，却从来没有人文自觉，最终也必将被人掠夺。

四是人文教育追求高大上的误区。我们知道："只有培养出一流人才的高校，才能够成为世界一流大学。"[②] 一流人才自然有赖于一流的人文教育，但中国高校研究人文教育并不深入，常常简单把"一流"等同于教材或教学设备诸方面的一流，强行"三进"，明知结果不理想，却不愿花更多时间研究教学实效问题。经典阅读是"以文化人"的重点，但中国传统优秀文化"经史子集"浩如烟海，其经典的选取又谈何容易？再如思想政治理论课对教材、课时、理论与实践等都有明确规定，但授课对象是鲜活的具有不同

---

① 《马克思恩格斯选集》第 1 卷，人民出版社，1995，第 9 页。
② 《习近平同志在全国高校思想政治工作会议上的讲话》，《中办通报》2016年第 31 期。

个性的人，我们是否在教学中给予了充分的人文关怀？我们是否能结合高校所在区域让学生重点学习地方人文经典、地方历史政治案例，真切感受到身在其中的责任与义务？

（三）以地方传统文化精髓服务于人本发展

"观乎天文，以察时变；观乎人文，以化成天下。"这个古训有两个要点值得注意：一是把"人文"和"天文"一并提出，表明人文之重要，人文的氛围趋势和天文的阴晴变化一样既有规律，又不以人的意志为转移；二是如果要驾驭人文，就要运用合适的方式方法，一个"化"字已明示其中奥妙。

1. 什么"文"——"以文化人"的凭借

以文化人，"文"是前提，用什么"文"来"化人"，决定着"化人"的结果。"文"就该像"天文"那样自然而然，是有利于人的发展的"文"，即所谓"人文"。中国大学"以文化人"之所以不尽如人意，就在于口号喊得多，落实问题大，人文教育（思想政治教育除外）基本没有位置。欧美大学则不同，所有专业都有一年以上的人文通识教育课程，他们虽没有"思想政治理论课"，但类似的"西方民主""西方文明""国家公民"等课程并不少，都放在通识课中一并要求。"以文化人"，一是要有位置，应像专业教育一样制定人文教育标准，规定核心课程；二是要紧扣人本发展精心选"文"，重在"接地、树魂、有实效"。中国作为世界文明古国，各地大学都有充足的人文资源可以利用，本文探讨史前"人文洞庭"之精华，目的就在于倡导这种理念；要确保教学实效，我们就得养成"以文化人"的自觉的"接地"意识。"树魂"的重点在培养具有类主体形态特征的人，中国万年文明发展史，重要启示就在于，只要是人本的文化，就必然恒久。如膜拜自然、服首尚群、厚德载物等，如果我们用远古先人的这些历久弥新的理念来"化人"，少讲这个派那个派，淡化政治概念，实现"中国梦"必将更有政治底气。

2. 如何"化"——"以文化人"的方法

"以文化人"属于价值观教育，这对世界观比较成熟的大学生来说绝对不能用灌输式的理论教学。所谓"以化成天下"，"化"就是突破口，"化"的实质在"润物细无声"。"化"，离不开一定的实践场域，诸如主体主观意识域、化人活动情境域、文化产品环境域等都应按照"化"的要求进行设计，努力探索人文教育活化新路子。一是内容上的活化。讲身边事，讲身边人，讲地方历史文化。可引导学生围绕司马迁"南蛮"评价开展地方历史人文调查，然后让学生在史前"人文洞庭"之盛衰中增强和平稳定和尊重自然的意识；也可结合洞庭水系及湖区编写"'人文洞庭'元典与人文修养""新石器时代的第一次革命"等乡土文化教材，让学生心服口服地接受教育。二是方法上的活化。一般而言，本部分教学宜选用课堂讲授式，倡导从大学生的情境域或环境域进行研究并开展教学。主体可采用"案例研习＋游学"的形式，或组织学生自由组合小组研习"人文洞庭经典案例"，或根据案例热点再开展社会实践，组织"'人文洞庭'传统文化研习营"等，通过游学解决问题。三是接受上的活化。须知，要影响大学生的主观意识域，就要通过教育情景感化或文化产品感受的方式进行，进而形成切实有效的地方德育文化、洞庭水系远古遗风、云梦经典等"以文化人"核心课程。

3. 化为"人"——"以文化人"的目的

"以文化人"这个说法，目的已在其中，在具体实施中却有偏差。教育的对象是人，过去很多时候我们却无视"人"的存在，学校好比工厂，学生都按照一个模式培养，结果必然会限制学生的很多天性。这些年来，社会对学校人才培养目标实现不够提出了很多批评，归根结底还是因为"工具论"主导。事实上，要真正做到"以文化人"并非易事，因为我们的教育方针还有待研究，还没有真正体现党所倡导的以人为本。按照人本目的推动"以文化人"，除了内容和方式方法上的活化，加强教师自身修养也是做好"化人"工作的必要前提。《庄子·天运》云："丘不与化为人！……安能化人？"这里，孔丘悟出了"自己尚未具有为同类而甘心服务的人格"，所以不能教化别人。可见，教师既是"以文化人"的主体和楷模，也是"以文化人"的对象。这个双重身份很重要，否则，"以文化人"的人本目的就不可能实现。

新师范建设与基础教育师资培养培训

"新师范"建设的时代定位与担当

立国以教育为本，教育以师范为本。以 2018 年颁发的《中共中央国务院关于全面深化新时代教师队伍建设改革的意见》（以下简称《意见》）为标志，师范教育发展出现了重要转机。其突出标志就是《意见》向全国师范教育举办高校和机构明确了新的使命和新的要求，这预示着过去师范教育"边缘化"状况的结束，以及新时代"新师范"的到来。

一　遵循"五新"思路是时代对"新师范"的要求

"新师范"是基于中国社会主要矛盾的新转化和师范教育发展面临的新机遇、新挑战而提出的，它将阔步走向我国师范教育发展的新阶段。"新师范"建设须找准时代定位，遵循"五新"思路，加快师范教育发展步伐，主动积极引领我国基础教育的发展。

（一）导向新

"新师范"教育要更加注重全面开展师德养成教育。育有德之人，需有德之师，教师的职业操守决定了教师必须是道德高尚的人。这一点，虽然在我国自古以来就为人所重视，在新时代却被赋予新的内涵，指明了更加具体的方向。按照习近平总书记对教师的期望和要求，师范生师德教育的首要任务和重点是将"四有"好老师标准以及四个"引路人"、四个"相统一"和"四个服务"等要求细化落实到"新师范"教育全过程。教育部等五部门所印发的《教师教育振兴行动计划（2018—2022年）》明确指出："着力培养造就党和人民满意的师德高尚、业务精湛、结构合理、充满活力的教师队伍。"这就是"新师范"以"师德高尚"为根本、为前提的人才培养新导向。

（二）理念新

"新师范"建设须以理念为先导。事实上，本节所谈"五新"均以理念新为基础，它几乎从"新师范"的很多侧面都能体现出来。从人才培养课程方案看，教育部印发的《关于大力推进教师教育课程改革的意见》（教师〔2011〕6号）第一条就是"创新教师教育课程理念"。其中，"育人为本"、"实践取向"和"终身学习"是"新师范"课程设置的三个新理念。"新师范"教育育人目标，以引导未来教师树立正确的儿童观、学生观、教师观与教育观为准绳，重在引导未来教师参与和研究基础教育改革，主动建构教育知识，发展实践能力，并力求实现职前教育与在职教育的一体化，为他们终身学习打下基础。这些均与以往师范教育理念明显区别开来。

（三）地位新

党的十九大进一步强调"必须把教育事业放在优先位置"，这为新时代师范教育改革发展指明了方向。《意见》认为："教师承担着传播知识、传播思想、传播真理的历史使命，肩负着塑造灵魂、塑造生命、塑造人的时代重任，是教育发展的第一资源，是国家富强、民族振兴、人民幸福的重要基石。"可见，教师地位的重要性已得到进一步强化。《意见》还特别指出："明确教师的特别重要地位。突显教师职业的公共属性，强化教师承担的国家使命和公共教育服务的职责，确立公办中小学教师作为国家公职人员特殊的法律地位。"通过法律地位的确立提升教师的政治地位、社会地位、职业地位，这在以往是不可想象的。

（四）模式新

人才培养模式的改革是"新师范"建设创新的基础，自然也是教育供给侧改革的重中之重。"新师范"教育是"互联网＋"时代的教育，"互联网＋"让教育从闭塞走向开放。大家都能创造知识、共享知识，教师和学生的角色及其关系发生了深刻变化。基于这种变化，"新师范"利用"互联网＋"优势，对专业建设标准化、教学过程个性化、校地校企合作制度化、教学研究实践化、职前职后培养培训一体化等进行了大胆探索。相应的专业标准、课程标准、实践教学标准、师德准则、专业认证、入职持证以及职后培训等均形成新的规范和规格。比如，对师范生的师德要求、专业知识、教学能力和情感态度等均有严格的评价体系；所有师范教育举办单位或机构都要通过国家师范类专业认证才能实施办学。

（五）体系新

从中国师范教育发展历程看，新中国成立后较长时期实行的是师范教育独立建制，20 世纪 90 年代末以来所采取的是师范院校和综合大学共同举办体制，进入新时代，我国师范教育已经发展成为一个多方参与的新体系。所谓新体系，在《意见》中已得到明确说明："实施教师教育振兴行动计划，建立以师范院校为主体、高水平非师范院校参与的中国特色师范教育体系，推进地方政府、高等学校、中小学'三位一体'协同育人。"在这种体系下，地方政府、高等学校、中小学结成紧密的合作伙伴关系，共同承担师范教育人才培养的职责，从而实现在合作、支持、分享中共赢，必将是"新师范"建设的一个非常重要的看点。

二 "新师范"建设面临的困境与挑战

毫无疑问，我们对新时代"新师范"的前景充满信心，但它所面临的问题也令人担忧。比如，当下师范院校的生源质量和培养质量就很不乐观。据称，江苏省某一本师范院校小学教育专业近几年新生录取分数线均低于一本省控线，且呈现每况愈下趋势；2015 年，南京市小学新教师招聘，近 3000 名符合条件的师范大学应届毕业生参加公共基础知识和学科专业知识两科笔试，结果通过率仅在 20% 左右。[①] 这种情况，恐非江苏省个例，它所反映的问题也是多方面的，值得我们高度重视。

（一）在"新师范"开放背景下师范特色的坚守问题

《意见》反思我国近二十年的师范教育，认为"地方对教育和教师工作重视不够……师范教育体系有所削弱，对师范院校支持不够"，导致师范院校在我国整体高等院校中处于"边缘"位置。造成我国师范院校师范特色和培养质量弱化的原因在哪里？有学者指出，一方面，师范教育开放背景下师范院校内部存在自我去师范化的倾向，其突出表现是在全国六所部属师范大学和进入"211"的省属重点师范大学，师范生只是很微小的一部分，师范特色可谓名存实亡[②]；另一方面，各省属重点师范大学，虽有一部分办学水平较高，是地方城市县镇基础教育师资的最主要提供者，但它们也想转型，却因资源和能力有限，"高不成，低不就"，虽不愿也不能丢掉师范传统，但对综合大学的转型追求远远大于对师范的坚守[③]。看来，要做到《意见》所说的"师范院校评估要体现师范教育特色，

---

① 参见唐文国、陆聪霞、吴静《从师范教育的问题发现新教师培养的关键》，《人民教育》2016 年第 13 期。
② 参见赵明仁《培养反思性与研究型卓越教师：新师范教育的内涵与体系建构》，《西北师大学报》（社会科学版）2018 年第 5 期。
③ 参见李瑾瑜《师范教育转型莫丢"师范"本根》，《中国教育报》2016 年 1 月 6 日，第 4 版。

确保师范院校坚持以师范教育为主业"并不容易。

（二）建立和完善"新师范"教育实习国家标准势在必行

2017 年颁布的《普通高等学校师范类专业认证实施办法（暂行)》（以下简称《专业认证》）明确，本科师范生的教育实践时间需大于或等于 18 周。这当是一个非常突出的改革亮点。然而，由于我国师范院校长期以来受传统应试教育的影响，大学师范专业教育课程计划普遍重视理论课程，其权重一般占 70%，而实践课程仅占 30%。而且，这种状况至今依然存在，教育实习 18 周的文件要求并没有完全落实，甚至没落实的很可能还不在少数。据调查披露，师范专业教育实习计划西南大学占 13%，陕西师范大学占 9%，首都师范大学占 7%。① 师范生教育实习时间是否达到基本要求暂且不谈，不论教育实习时间多长，对切实组织好师范生的教育实习这一要求的执行情况都可能更加糟糕。例如，师范院校不管，中小学也不管，全由师范生自己联系实习单位自由开展教育实习的情况也时有耳闻。在美国，师范生教育实习时间大多在半年以上，而且对教育实习的价值、功能、目标、项目、程序等均有明确规定，就连带实习的教师也要经过实践Ⅰ（Praxis Ⅰ）学业技能评价和实践Ⅱ（Praxis Ⅱ）学科专业评价并取得

---

① 参见叶恺《教师教育课程标准背景下师范专业教育类课程体系构建的研究》，《教育现代化》2018 年第 25 期；弯晶等《中美物理师范教育课程对比》，《物理通报》2018 年第 11 期。

相应实习指导资格证后才能上岗。我国教育实习改为 18 周确有必要，但目前师范类专业认证办法中并没有具体的要求和规定。如果没有教育实习国家标准，教育实习质量就依然难以保证。

（三）高水平"新师范"教育与相对弱化的师资队伍的矛盾

高水平"新师范"教育依赖于更高水平的师资队伍，但种种缘由导致目前从事师范教育工作的队伍素质整体弱化。有学者分析指出，过去二十年，师范教育"开放化"实际上并没有达到让高水平综合院校参与师范教育的初衷，市场争夺的心态反而驱使大量低水平的综合院校和职业院校进入师范教育领域，再加上师范院校不同程度的去师范化做法，师范教育的精神气象的确淡化了。① 正如《意见》所明确的："面对新方位、新征程、新使命，教师队伍建设还不能完全适应……思想政治素质和师德水平需要提升，专业化水平需要提高。"同时，《意见》提出"高水平非师范院校参与"，不仅明确了参与师范教育的高校层次，也包含了严格的加入标准。教育部颁布的《专业认证》，关于师资队伍素质就有明确的严格要求。比如担任师范教育课程的教师不仅要教学能力突出，治学严谨，而且要能跟踪学科前沿，研究能力和创新能力较强等。但不论怎么说，师范教育从以往的独立建制到今天有限制的

---

① 参见朱旭东、李琼《论我国教师教育的二次转型》，《教育学报》2014 年第 5 期。

开放化举办，师资专业化的准备显然还不够充分，我们必须正确面对。

（四）"新师范"发展面临学术性、师范性和专业化多重压力

学术性是高等院校所有专业人才培养的一个基本要求，在学科知识学习和学科研究中显得尤为突出；本科以上的师范教育，更应是培养具有较强综合素质、较高专业水平和善于创新的教师队伍的教育。"新师范"首先要姓"师"，它必然是具有"师范味道"和"师范尊严"的教育；师范教育的根本是传授基本的教学知识、中小学广泛学科知识以及教学能力，为师范生将来成为合格教师奠定扎实基础。不仅如此，《意见》还指出："到 2035 年，教师综合素质、专业化水平和创新能力大幅提升，培养造就数以百万计的骨干教师、数以十万计的卓越教师、数以万计的教育家型教师。"显然，这里的"骨干"、"卓越"和"教育家型"教师，均是对未来教师专业化的要求。于是，"新师范"教育必将面临学术性、师范性和专业化"三重夹击"的挑战。

三　"新师范"建设的应有担当与策略

（一）"新师范"建设应体现"新文科"

尽管师范专业具有双专业性质，但学生终究是学师范的，重点还得归属到教育学一级学科门下。2019 年 5 月，

教育部、科技部等13个部门正式联合启动"六卓越一拔尖"计划2.0，全面推进新工科、新医科、新农科、新文科建设。由此，"新师范"建设如果没有新文科的意识就必然落伍。新文科是指对传统文科进行学科重组、文理交融，为学生提供综合性的跨学科的教学与研究，目的在于培养具有中国特色先进文化的优秀社会科学家。"新文科"应该怎样建设？简而言之，可概括为"六个新"。

一是"新战略"。一个没有繁荣的哲学社会科学的国家不可能走在世界前列，新文科首先必须从战略高度服务国家应对当今错综复杂的国际国内形势。二是"新专业"。不仅要进行专业改造或增设一批文理结合的专业，还要注意依托当今科技革命或新兴产业开拓诸如智能教育学等新专业。三是"新模式"。倡导探索开放式课程教学模式。利用新科技成果和新技术手段，进行课程体系重构，努力形成产教融合、科教结合、中外交流的协同育人机制。四是"新方法"。将"以教定学"转变为"以学定教"，将传统的"灌输式""填鸭式"方法变为"讨论式""研究式""问题式"等方法，注意利用现代信息技术，延伸课堂知识教育，拓展学生自主学习平台。五是"新课程"。其基本目标是努力打造一批具有高阶性、创新性和挑战度的"金课"，全面淘汰"水课"。课程教学要做到知识、能力、素质的有机融合，课程内容和教学形式均需体现前沿性和时代性，以培养学生解决复杂问题的综合能力为宗旨。六是"新评价"。积极改变文科评价的"弱势"局面，应以着力培养一流文科人才为核心、为重点，以科学研究和服务社会为两翼设置权重，开展新评价。

（二）"新师范"应在开放背景下引领教师教育改革发展

从宏观上看，首先应按照"建设一流师范院校和一流师范专业，全面引领教师教育改革发展……在师范院校办学特色上发挥排头兵作用，在师范专业培养能力提升上发挥领头雁作用，在师范人才培养上发挥风向标作用"[①] 的总体要求，认真制订各地各校各专业的卓越教师培养计划，确定引领目标。在引领工作的大思路方面，可采取以下"五大行动"。

一是认识提升行动。师范教育今日之开放，实际上是在学习欧美成功经验，重在如何扬弃"独立体制"和"开放体制"的优势与弊端。要以披坚执锐的精神寻求师范性和综合性发展的平衡点，努力尽快在"新师范"背景下找到自己新的立足点。二是立德树人行动。师范教育是培养教师的教育，落实立德树人最为重要。其一，要注意形成师德养成的氛围，让师范生一进校就对师范职业产生认同感；其二，可通过实施导师制、书院制等多种体制机制，建立师生学习、生活和成长共同体，促使学生品德不断提升；其三，还可通过组织经典诵读、开设地方传统文化课程、组织专题讲座等形式，涵养学生的教育情怀，做到知行合一。三是师资优化行动。这是开展"新师范"建设的保证。应注意按照师范类专业认证三级认证标准，配齐配

---

① 《教育部关于实施卓越教师培养计划2.0的意见》（教师〔2018〕13号）。

强专任教师和兼职教师，积极打造师资队伍专业成长平台，培养造就若干具有国际视野的学科领军人才、学科带头人以及学术骨干。四是学术引领行动。这是师范教育专业化的依靠。紧密对接《教师教育振兴行动计划（2018—2022）》，依据国家"乡村振兴"战略，加快建设师范教育创新平台，重点建设特色学科群。注重布局人工智能、大数据、脑科学等前沿学科，高水平建设教育学、心理学等一级学科，探索教学方式方法的变革。五是国际合作行动。实施"教师境外国外研修计划"，支持教师到境外国外高校研修访学；实施"境外国外引智计划"，吸引境外国外高层次师范教育师资加盟，搭建中外教师共同施教平台；实施"国内＋海外"双校园联合培养项目，积极打造国际化培养体系。

（三）师范教育与学科教学研究的双重专业性应协同发展

长期以来，本科以上师范教育的师范专业性（师范性）和学科研究专业性（学术性）在学界总是摇摆不定，甚至出现"两个半桶水"的状况，这对师范教育的发展十分不利。对于协同好师范性和学术性的关系，《专业认证》既有明确目标也提出了解决思路。目标：为培养造就党和人民满意的高素质专业化创新型教师队伍提供有力支撑。思路：《专业认证》要求依据师范专业标准和课程标准，并顺应当下师范专业人才培养综合发展需求，在师范教育培养方案上有明确的课程协同细则。

我们知道，在"新师范"开放背景下，一方面，综合性大学学科齐全、科研基础扎实，对师范生较好综合素质的形成显然十分有利，但师范教育的基础较为薄弱；另一方面，老牌师范院校专注教育学一级学科多年，在师范生教学能力的培养方面有丰富经验，但在学生学科综合能力创新训练上缺乏师资，水平有限。《专业认证》以及《意见》等正是基于以上两方面的优劣，以解决长期以来师范专业师范性和学术性的矛盾为重点，在课程协同上特做出明确指导。具体而言，统筹课程设置须注意以下几点：第一，原则上要从"教师综合素质、专业化水平和创新能力大幅提升"三方面进行规划；第二，应注意师范专业的"师范性"并将师范教育和学科教育课程视为一个整体来考虑，必须打破壁垒；第三，师范专业的公共基础课程和其他专业不同，应注意按照师范人才培养目标增设人文艺术类和其他科学课程。

（四）教育实践分散全程安排和集中安排应突出实效

如上所述，师范教育实践并非只有时间问题，分散全程和集中实践安排是否取得实效才是问题的关键。当然，保证时间是前提。本人近几年参与全国本科高校合格评估、审核评估以及通过部分电询或函询发现，师范专业学生分散全程实践基本上没有计划，虽有集中 18 周教育实习的要求，但 70% 左右的高校仍是我行我素，一般还是 4周。至于教育实践的效果，更需要加强设计、指导和管理。目前高校带实习的指导教师多由新入职的年轻老师担任，他们本身在教学能力发展上还处于起步阶段，指导工作肯定落空。另外，由于中小学对学生成绩的过度追求，任课教师根本不可能放开让实习教师授课，实习教师常常只能完成作业批改等一些辅助性工作，实践环节基本停留在形式上。从长远来看，教育实践工作主要需要从以下两方面进行改进：一是尽快出台师范教育实习国家标准应引起教育主管部门的高度重视，有关实习工作的项目与制度应细化，同时对已出台的政策要求还要加强巡查和督导，狠抓落实；二是师范教育主办者应从培养人的国家战略高度主动思考，从地方政府、高等学校、中小学"三位一体"协同育人角度加强规划，同时各级政府主管部门应加大对师范教育协同育人的问责力度。

（五）应严格监控和切实保障师范教育质量

我国师范教育自 20 世纪末开始实行改革开放后未能取得预期效果的一个关键原因就是质量保障体系的缺失。开放而没有行之有效的质量监控机制予以跟进，开放就一定是盲目的、无序的、不可比较的；开放应有基本的约束，在办学条件、课程设置、教师教学以及学生核心能力培养等方面，如果均有共同的遵循，开放就能发挥更大的价值和表现出更强劲的优势。欧美大学开放师范教育之所以取得成功，这方面的经验不容忽视。美国实行开放式师范教育比较早，其确保质量的一个重要抓手就是师范类专业认证。虽然我国也于 2017 年颁布了《专业认证》，但实施效果如何还不能过早下结论。美国师范类专业认证已实施近百年，比如实施主体的民间性、评价过程的开放性、实施机构的权威性、评价结果的公正性等就特别为世界各国认同，其为美国师范教育健康发展可谓立下了汗马功劳。①

　　质量监控保障可分为制度为本和效果为本两个方面。制度是行为过程的规范要求，是行为结果的基本方向，当然也是最后产品质量的重要保障。我国"新师范"教育制度已出台多种，但还不完善，这一点本文前面已谈到。效果又可分为学校办学效果和学生学习效果，两者相辅相成，最后都落到人才培养质量上面来。应该说，这方面的监控还有待加强，而这一点非常重要。

---

　　① 参见龙宝新《论美国师范专业认证工作的特点与走向》，《教师教育学报》2018 年第 3 期。

师范类专业认证视域下
新师范建设七评

　　师范教育在我国经济社会发展中一直处于重要基础性地位。1980 年 6 月，教育部在北京召开全国师范教育工作会议，会议总结了新中国成立 30 年来师范教育工作的突出经验："师范教育是教育事业中的'工作母机'……必须彻底纠正轻视师范教育的思想。"① 党的十八大以来，更是先后集中颁发了《中共中央国务院关于全面深化新时代教师队伍建设改革的意见》（以下简称《意见》）、《教师教育课程标准（试行）》（以下简称《课程标准》）、《教育部关于印发〈师范类专业标准（试行）〉的通知》（以下简称《专业标准》）、《教育部关于印发〈普通高等学校师范类专业认证实施办法（暂行）〉的通知》（以下简称《专业认证》）、《教育部等五部门关于印发〈教师教育振

---

① 《教育部印发〈关于师范教育的几个问题的请示报告〉的通知》（教高一字〔1980〕077 号）。

兴行动计划（2018—2022 年）〉的通知》（以下简称《振兴计划》）等十多个关于师范教育的法规文件，地方政府和很多学者认为当下我国已进入一个"新时代、新师院、新师范"的全新时期。

本文即从专业认证视域探讨新师范建设的几个问题。文中所有实例除已注明外均来自笔者近年受邀到有关省区市高校参与本科教学工作评估，以及应邀到美国、英国等有关大学专题访问所得。

一 《专业认证》是新时代"兴国强师"的必然选择

"新时代、新师院、新师范"以《专业认证》为标志。应该说，《专业认证》在中国师范教育发展史上具有里程碑的意义。从 1896 年创建于上海的南洋公学之"师范院"算起，我国举办师范教育已有百余年时间。然而，长期以来，我国没有专业认证，不同师范教育举办者的办学条件和实施教学情况差别较大，导致人才的基本素质千差万别，新入职教师水平参差不齐，这势必影响各级各类学校的整体办学水平。

《专业认证》于 2017 年 10 月 26 日正式颁布，有其鲜明的时代必然性。从国内看，20 世纪 90 年代后期以来，为了提高国民素质，快步迈向高等教育大众化阶段，国家推出史无前例的高校扩招。扩招成绩不可低估，但难免出现新问题，这在师范教育方面尤为突出。一方面，新中国成立以来形成的由中师、师专到师院（师大）独立的师范教育体系被打破，师范教育"开放化"所导致的质量问题很快显现；另一方面，师范院校包括一些本已很强势的师范大学为求发展，"去师范化"几成大势，纷纷走向综合，师范教育传统和教学质量弱化不可避免。党的十九大报告提出"建设教育强国"，《意见》又明确指出"兴国必先强师"。《专业认证》适时推出，正是师范教育控制规模、提升质量的极好选择。从国际看，1966 年，国际劳工组织和联合国教科文组织提出《关于教师地位的建议》，首次以官方文件形式对教师专业化和必要的专业训练做出说明。西方发达国家早就有自己的师范专业认证办法。1998年，英国教育与就业部颁发新的师范教育专业认可标准；在美国，师范专业认证更是走过百余年历程，已形成以设定标准、收集证据、达标判断为三个核心环节的一整套方式科学、创意丰富、经验成熟的质量监控体系，其完善的专业认证方案已成为世界各国学习的典范。①

二 "新师范"不等于"去师范化"回归

在 20 世纪 90 年代"开放化"前提下的"去师范化"，造成了原有"师范教育地位弱化"等一些不利影响，但其中也有师范教育改革的大胆探索，《意见》和《振兴计划》等对师范教育放开的大方向均予以肯定。众所周知，我国正

---

① 参见龙宝新《美国师范专业认证工作对构建我国师范专业认证工作框架的启示》，《教师发展研究》2018 年第 2 期。

式提出打破师范教育封闭体系是在 2001 年，国务院文件指出："完善以现有师范院校为主体、其他高等学校共同参与、培养培训相衔接的开放的教师教育体系。……鼓励综合性大学和其他非师范类高等学校举办教育院系或开设获得教师资格所需课程。"① 这种师范教育的开放体制，正是我国借鉴其他发达国家师范教育经验、探索不断提高人才培养质量方法的重要步骤。至于"去师范化"开放过程中导致师范性、学术性和职业性协同不够，则应另当别论。

目前的《专业认证》、《专业标准》以及此前发布的《〈教师资格条例〉实施办法》等，均为我国完善师范教育管理、打造"新师范"的"组合拳"。何谓"新师范"？概括而言，"新师范"是对师范生素质中的知识、能力、批判和人本等四种价值取向进行了新的融合和扬弃的具有新时代中国特色社会主义特征的师范教育新形态。第一，它是开放的教育，既要坚持好传统师范特色，又要注意向现代师范教育转型发展，树立"创新、协调、绿色、开放、共享"的师范教育新理念；第二，它是更加注重师德建设的教育，尤其注重倡导以德立身、以德立学、以德施教、以德育德，强调努力培养"四有"好教师；第三，它是高水平的教育，不仅在师资队伍、专业化水平以及校内外协同育人等方面均对举办者做出明确规定，还突出"产出导向"，突出学生"践行师德""学会教学""学会育人""学会发展"等毕业要求；第四，它是注重公平发展

---

① 《国务院关于基础教育改革与发展的决定》（国发〔2001〕21 号）。

的教育，通过分类施策、定向发力等措施，促进区域、城乡、校际师资队伍建设不断缩小差异；第五，它还是更加注重质量的教育，是具有健全课程标准、专业标准和质量监控体系的教育，专业认证每五年一次，将为卓越教师培养奠定坚实基础。

三 《专业认证》《课程标准》《专业标准》的功能取向及其关系

《课程标准》与《专业标准》均是为落实国家教育规划纲要推出的引导规范师范教育课程与专业建设的文件。《课程标准》设置了幼儿园、小学、中学教师职前培养课程，广义上包括师范专业公共基础、学科专业和教育类课程，该标准重在体现幼儿园和中小学教师职前培养教育类课程的基本规格，也是认定教师资格的基本依据。《专业标准》包括幼儿园、小学、中学合格教师专业素质基本要求，是引领教师培养、准入、培训、考核以及专业发展的基本准则，也是各地各校调整教师培养和制订教师培训方案的工作指南。《专业认证》是由专业认证机构针对师范专业办学状况所实施的三级认证。第一级认证采取网络数据常态化监测方式，是办学基本要求检测标准；第二级、第三级认证安排专家进校考察，第二级属专业教学合格标准认证，第三级属卓越标准认证。《专业认证》以"学生中心、产出导向、持续改进"为基本理念，旨在促进举办者围绕专业建设质量不断改进、调整、提高，或者退出。以上三个文件基本理念相同，均以学生为本，重视办学条件和质量的提升。《课程标准》与《专业标准》相互依托，育人中心功能指向一致，侧重于静态规格；《专业认证》是基于《课程标准》和《专业标准》对师范专业的整体办学认证，侧重于动态发展过程。

四 "师范教育"或"教师教育"称谓争论可以休矣

"师范"一词系从西汉末年扬雄所编《扬子法言》"师者，人之模范也"演变而来；《后汉书·赵壹传》"君学成师范，缙绅归慕"，首次将"师"和"范"合用。我国古代没有"教师"的概念，但有"师""师者""老师"之谓。所谓"师范教育"，是伴随着中国近代"西学东渐"历程而出现的，晚清张之洞于京师优级师范学堂开学典礼发布训辞："师范教育，是为一切教育发源处。"① 自此"师范教育"说法一直沿用至今。其基本内涵为"学高为师，身正为范""以身作则，言传身教""讲究教法，循循善诱"等。现今普遍把专门培养教师的教育称为"师范教育"。然而，究竟是"师范教育"还是"教师教育"，近年时有论争。有学者振振有词地指出："教师教育涵盖教师职前培养、入职培训、在职研修全过程，力求打破传

---

① 朱有瓛主编《中国近代学制史料》第二辑下册，华东师范大学出版社，1989，第386页。

统师范教育的封闭系统。"① 这个立论的前提是"师范教育"只专注于教师职前培养，"教师教育"则兼顾全程。但实际工作中我们并没有如此硬性区分。《教育研究》还曾于近几年发表过栗洪武的《"教师教育"不能取代"师范教育"》和郝文武的《师范教育向教师教育转变的必然性和科学性》两篇观点完全不同的文章。从以上论争看，无非是就两个不同称谓之词义渊源、师范办学历史及其中外比较立论，以证明自己之主张。问题是，这些论争都承认一个基本观点，即"师范教育"和"教师教育"都是培养教师的活动。尽管两个称谓略有不同，但基本内涵毕竟一致，我们为何要花那么多时间和精力区分两个称谓的高下？《意见》指出："师范院校评估要体现师范教育特色，确保师范院校坚持以师范教育为主业，严控师范院校更名为非师范院校。"应该说，"师范院校"和"师范教育"均有其传统的师范文化在其中。所谓"学高为师，身正为范"，包含了多少可歌可泣的中国故事啊！

五 "学生中心"的新站位、新思路

"学生中心"是《专业认证》核心理念之一，强调以学生学习效果和个人发展为中心配置教学资源和安排教学。新时代我国社会主要矛盾已经转化为人民日益增长的

---

① 张苏：《"新师范"：教育现代化的动力之源》，《中国教师报》2019 年 3 月 13 日，第 13 版。

美好生活需要和不平衡不充分的发展之间的矛盾，卓越师范人才培养必须有新站位和新思路。2018 年 11 月 1 日，教育部在北京召开"2018—2022 年教育部高等学校教学指导委员会成立会议"，会议对教育部、科技部等 13 个部门联合启动的"六卓越一拔尖"计划 2.0 做了说明，号召全面推进新工科、新医科、新农科、新文科建设。师范教育具有双学科、双专业特征，但其根本不在于培养理工科学家，而是培养教育家。"学生中心"理应自觉体现新文科担当。所谓"新文科"，按照教育部高教司司长吴岩的讲话，包括三个要点：一是把握新时代哲学社会科学发展的新要求；二是培育新时代中国特色和气派的新文化；三是关注现代社会科技和产业新变革，推动文科与理工科交叉融合，从而形成中国学派的新文科。

遵照这些要点，"学生中心"又该如何凸显新文科方略？首先，新文科需切实落实《意见》提出的"突出师德"和"深化改革"新要求。要强化立德树人，构建立体化、全过程、全方位的师德养成教育体系，将教师职业道德教育纳入专业课程方案，完善"大思政"工作格局。其次，新文科要注重以文化人、以文育人。一方面，坚持用中华优秀传统文化和革命文化、社会主义核心价值观等先进文化为师生筑魂立根打好底色，将做人的教育贯穿师范教育全过程；另一方面，以现代信息技术应用创新促进新文科师范教育发展，积极推进"互联网＋"创新人才培养计划，积极培育具有中国特色的师范教育新文化。最后，强调文理兼容，注重突破既有专业壁垒和师范教学组织模式，探索"师范教育＋"的复合专业建设以及学科专业课程融合方案。当年，进化论的出现、天体物理学的发展等极大地推动了马克思主义思想的发展，今天，新科学技术和新的宇宙观的发展，必然也会极大地推动"新师范""新文科"的发展。

六　新师范《课程标准》的改进

学生在学校学习知识主要通过课程实现。科学的专业人才培养课程教学方案是决定师范教育质量高低的重要一维。我国在这方面的改革并不理想，还处在摸索中。

20世纪80年代初召开的全国师范教育工作会议，对新中国成立以来师范教育课程开设问题明确规定：各级师范院校的"教育课程（如教育学、心理学、教学法等）应当积极恢复、充实和加强。教育实习和教育见习也应着手恢复"。[①] 但历史经验证明，"老三门＋实习见习"对卓越师范人才培养来说远远不够。1994年3月，国家教委发布《高等师范学校学生的教师职业技能训练大纲（试行）》，从讲普通话和口语表达、书写规范汉字和书面表达、教学工作、班主任工作技能等四个方面提出新的课程设置要求，如"教师口语""常用文体写作""现代教学媒体使用"等，但因高校扩招和学校教师数量短缺，实施效果很

---

① 《教育部印发〈关于师范教育的几个问题的请示报告〉的通知》（教高一字〔1980〕077号）。

不理想。[①] 2011 年 10 月，教育部颁发了师范专业教育类课程第一部国家标准《教师教育课程标准（试行）》，较好地构建了"学习领域＋建议模块＋教育实践"的课程框架。"老三门"消失了，开始按照"儿童发展与学习"等6 个学习领域以及相对应的课程模块规划课程设置，有必修，也有选修，再加教育实践 18 周。其既体现了国家对师范专业人才培养的底线标准，强化了实践能力的培养要求，又突出了课程设置的开放性和灵活性。不过，该《课程标准》现在看来仍有不足，正如《振兴计划》所说，《课程标准》仍需修订。

新师范《课程标准》的修订，主要在以下三个方面。

其一，切实提高对"兴国必先强师"的认识，新师范卓越人才培养须以课程改革为突破口。然而，《课程标准》已颁布十多年，究竟存在哪些问题？如何结合《意见》和《振兴计划》等进行改进？实际上，我们对此并未投入足够精力，有些问题解决得不尽如人意。近年来一直有人撰文呼吁改革"老三门"课程设置，显然他们对《课程标准》并不了解，或者《课程标准》在我国师范院校本就没有得到很好的贯彻。正如有学者分析某师范大学现行课程方案后感叹："国内不少师范大学的课程设置比较过时，数十年都没有变化。"[②] 据笔者现场考察和间接了解，目前我国还有约过半师范专业举办者未能按《课程标准》要求

---

① 参见魏饴《高等师范学生教师职业技能训练及培养模式新论》，《湖南文理学院学报》（社会科学版）2007 年第 2 期。
② 弯晶等：《中美物理师范教育课程对比》，《物理通报》2018 年第 11 期。

规划课程设置，60%以上的师范教育实习仍是4周。

其二，加强师范教育和学科课程的融合。过去，我们总在师范性和学术性上摇摆不定，甚至出现"两个半桶水"现象。在当下专业认证视域下，更要注意改变课程设置传统观念，师范教育理念应贯穿全程、贯彻到每一门课程。《课程标准》不能只考虑教育类课程设置，公共基础、学科和师范教育三部分课程须一并规划。不能简单相加，要重在突出课程内涵的渗透。如美国高校师范专业课程方案总体上有两种模式。一是只分为通识和专业教育（含实习）两个部分，学分各占50%；二是分为通识、学科专业和教育专业（含实习）三个部分，学分依次为35%、33%和32%。需要说明的是，其通识课程是为师范专业所特制的，分为"英语写作"等基础课程模块、"心理学概论"等认识方法课程模块以及教育学学科视野模块三部分；其学科专业课程的师范元素很明朗，特提出"学科教学知识"（Pedagogical Content Knowledge）①新概念，强调转化，即将学科知识转化为能进行教与学的知识，以学科教学内容为载体直面师范教育能力培养，从而实现通识、学科和师范教育一体化。

其三，强化通识教育和实践教学课程设计。"通识教育重在价值观教育，是关于人的教育，涉及怎样培养人和

---

① 戴伟芬：《学术性与师范性的抉择与融合——美国教师教育课程思想流变》，《教师教育研究》2012年第1期。

培养什么人的问题"[1]，当然是师范教育的重要抓手。一方面，强化其学分占比，真正体现人的培养首位；另一方面，内容上突出师范特色，尽可能让毕业生成为全面发展的人，其课程设置则需要有更高的综合性，更注重阅读写作、文艺鉴赏、健康教育等人文以及其他科学课程设计。与以往相比，实践教学在《课程标准》中改进幅度最大，时间从原来的一般4周增加到18周。如今的关键问题是如何将这18周用好。《〈教师资格条例〉实施办法》包括各省市教师资格认定测试规定对教育实习均没有具体要求，但其确实值得各地各校认真研究，形成规则。借鉴国外经验，师范教学实习课程可分为实习前和实习中两个阶段。实习前的相关课程设置，《课程标准》已有规定。实习中却没有相应课程规划，仅有笼统时间要求，很容易流于形式，有必要分项目分进程将其具体细化为教学实习实用课程，根据实际可设置课程1：围绕多元化实习明确导师和项目，进行个别指导；课程2：借助实习组织小型研讨会，反思和巩固此前所学知识。由此增强学生师范修养，突出新文科实践教学创新。

七 《专业认证》与新师范重在并行不悖

当下中国社会普遍对新师范人才培养质量的大幅提升

---

① 魏饴：《也谈华人大学理念及争创世界一流》，《湘潭大学学报》（哲学社会科学版）2019年第1期。

有较高预期，《专业认证》成功与否事关我国师范教育体制深度综合改革的成败。尽管事先我们围绕认证已做了大量准备，但毕竟是初次尝试，存在诸多不足。在认证目的、理念、组织、手段和结论等方面，不论组织者还是举办者均缺乏学习和研究。2018 年 7 月，笔者受教育部之邀在昆明曾和全国各地 200 余人参加《专业认证》专家培训并获得合格证，但只集中接受两天面授，所学并不透彻，实践中难免还会碰到很多新问题。即使在已积累丰富专业认证经验的美国，不少高校反对师范认证的声音也一直不绝于耳。是对认证结论不满意还是对认证专家有异议？不得而知。① 这当引起我们警觉。

如何真正通过《专业认证》达到"以评促强"？结合国外已有师范专业认证经验，特提请注意以下几点。一是认证主体问题。在美国、英国，所有师范专业认证主体都是第三方的民间组织。我国师范专业认证刚起步，相关工作氛围和基础很薄弱。须知，专业认证是"专家认证"而非"行政认证"。主持者如何抽调选派公正而有权威的教育专家开展认证值得认真研究。二是认证属过程性评估，重在发展。虽然师范专业认证已建立三级认证检测体系，对其认证结果也已设置"通过"、"有条件通过"和"不通过"三个等级，但专家认证反馈时应突出表达得出结论的原因和问题改进的实在而有水平的建议，以便学校整改

---

① 参见龙宝新《美国师范专业认证工作对构建我国师范专业认证工作框架的启示》，《教师发展研究》2018 年第 2 期。

提高。三是切实抓好"设定标准、收集证据、达标判断"这几个认证的关键环节。如果具体认证标准设定过低，就容易异化为"最高标准"，认证一旦达标，必然会减弱学校下一步改进的动力；收集证据的途径也应尽可能广泛，比如不建议用被认证高校应届毕业生考取"教师资格证"的比例来判断其质量高低，这显然过于简单化。应积极拓展基于表现和问题的认证途径，重视认证指标研究，加大认证工具开发力度，如开发师范生专业素质测量表、教学档案分析工具和课堂教学视频分析软件等，力求达标判断准确。

从新师范办学主体看，举办者主动对接《专业认证》要求，树立更理想的认证目标并积极参与同等重要。首先，要充分理解《专业认证》的功能导向。专业认证具有强制性要求，且须周期性接受专家组织认证。此种规约性制度旨在引导我们"以评促建，以评促改，以评促强"。举办者端正迎评自建态度绝不可小视，可切实改变当下师范教育在办学体系中的"边缘"位置。其次，把握迎评自建工作重点，自觉按照《专业认证》基本理念建立起专业建设的系统观和绩效观。《专业认证》方案中8个一级指标和38个二级指标彼此依存，均是紧紧扣住"推动师范类专业人才培养质量的持续提升"这个主题而设计的。故在自建中就不宜只求达到每一个指标的底线要求，而需把专业自建视为一个人才培养的有机整体、统筹协调诸多内外部因素的系统工程。再次，狠抓专业内涵建设。这既是为了保证认证通过，也是卓越师范人才培养的重点诉求。

能彰显质量、条件、过程和特色的内涵性指标，诸如课程建设水平、师资队伍状况、实践平台搭建情况以及相关过程管理制度、设计和办法等始终都是自建工作重点。要注意将更多的眼光转向地方农村基础教育，转向地方基础教育的薄弱环节，进而为其提供扎实有效的服务和支持等。最后，注重"产出导向"或"成果导向"。即强调教学条件和实施教学的目标在于使学生通过教学最终获得成果。"学生发展"是《专业认证》8个一级指标中的最后一个，其余7个均是人才培养的基础，从而体现"产出导向"之核心。我们的人才培养目标是否体现基础教育的需求？人才培养质量是否具有可测量性？课程体系设计是否对培养目标具有较高支持度？诸如此类，大都属于内功，也不显眼，但其的确是体现专业水平和专业成熟度的有力保障。

高校人文教育与文科专业
转型发展七评[*]

一 人文教育的办学定位

　　人文教育是指对受教育者所开展的旨在促进其人性境界提升、理想人格形成以及个人与社会价值展现的教育，简言之即人性教育，关键在于涵养人文精神。早在先秦时期中国人文教育即开始萌芽，到后来宋代书院教育、清末"全人教育"[①] 等，对人文的理解则更多地注重人文的内化作用，侧重于它的价值观属性。在此基础上产生的中国人文教育，强调修养人伦之情理，培养君子之人格，从而体现出中国传统人文教育的基本特色。

　　人类文明发展到现在，在知识领域形成了三大学科

---

　　[*]　本文原载于《中国大学教学》2017 年第 1 期，收入本书时有改动。
　　[①]　佛雏校辑《王国维哲学美学论文辑佚》，华东师范大学出版社，1993，第 251～253 页。

群——人文、社会、自然，分别对应着三个世界——精神世界、社会世界、物质世界。这三个世界均与人相关并指向人本身，正如马克思所言："人是人的最高本质。"① 无疑，人文教育理应摆在学校教育首位。

新中国成立后，党的教育方针明确规定要培养全面发展的人。十多年前，党和政府提出"以人为本"，但可惜这些思想至今在高等学校并没有得到全面贯彻，人文教育甚至还呈现每况愈下的态势。教育中无视人的存在，追求人的片面发展，强化人的功利需求，人文教育中除了思想政治教育外基本没有位置，其结果十分令人惶恐。

我们知道，西方大学对人文教育一直高度重视，所形成的"通识教育"众所周知，并曾出现所谓"英国模式""德国模式"，以及 20 世纪 40 年代哈佛大学所提出的混合型模式等。混合型模式提出后，在世界高等教育发展史上产生了深远影响，并成为全球大学通识教育的代表。该模式主张本科学习英国模式，重点强化通识教育，注重文化传承，而研究生教育则采取德国模式，注重研究和创新。以上种种，因为各国教育体制有差别，人文教育的先后和比重略有不同，但不论哪一种模式，都视人文教育为根本。

中国高校人文教育问题，最突出的是定位不准，其他种种病态均源于此。定位不准根源有三。第一，新中国成立以来，大学照搬苏联模式，将专业教育当成大学教育的

———————

① 《马克思恩格斯选集》第 1 卷，人民出版社，1995，第 9 页。

根本任务，人文教育一直是陪衬。第二，党中央和政府没有像美国联邦政府等从素质为本、人文引领的角度统筹研究大学人文通识课程体制机制问题。美国通识教育能有今天，绝非偶然。还在第二次世界大战期间，美国联邦政府就曾拨款，请求大学对学生加强公民教育，于是哥伦比亚大学率先推出"西方文明"课程，并很快得到美国众多大学的认同。再到1945年"哈佛红皮书"问世，通识教育的影响越来越大。1947年，"杜鲁门总统高等教育委员会"发表《美国民主社会中的高等教育》，就特别强调了人文通识教育对美国社会发展的重要性；克林顿总统在1996年和1997年的国情咨文中也一再强调："要恢复美国的国际竞争力，首先必须从培养人开始。"可见，美国对人文教育的部署上下协调，全面一贯。第三，中国从太学、国子监等古代高等教育开始，人才培养以"学而优则仕"为导向，其政治功能十分突出；"教育是上层建筑"的思想主宰了我们很多年，至今对大学人文教育仍有影响。比如仅对大学思想政治教育高度重视；再如人文教育价值观全球视野偏窄，特别是在当今中国大学吸收外国留学生越来越多的前提下，更显捉襟见肘。须知，开展好大学人文教育乃是中国走向世界的底气，是与全球各民族深入对话、促进世界和平的上上策。

二 人文教育与专业教育的本末关系

人文教育与专业教育关系问题，涉及教育目的问题。

教育目的决定人文教育之向背，坚持人本教育目的观才是实施人文教育的灵魂。自古罗马时代以来，对人本教育目的之探求从未间断。此前按时间先后有所谓"神本观"（古罗马以宗教神学为本）、"识本观"（意大利等以传播和研究高深学问为本）、"物本观"（资本主义国家将物的范式应用于人，人是信息加工器）、"社本观"（遵循工具理性，要求教育服务社会、服务政治）等，直至20世纪末期以来，不少教育界有识之士才认为教育与政治不能混为一谈，主张教育的生命论根基，这就有了当前正在发展的人本教育观。①

德国教育家洪堡指出，大学教育的目的在于培养完整的人，而不是仅仅培养可利用的人。爱因斯坦曾说："学者必须德才兼备，与美善为邻。徒有专业知识，只不过像一头训练有素的狗，而非仁人君子。"这些论述无不告诫我们教育应注重培养人文素质。正如"师者，所以传道授业解惑也"这句名言所说，教育首先要"传道"，强调"人是第一重要的"②，然后才是"授业解惑"，对算术、修辞等专业学科进行研修③。人文教育和专业教育的本末关系自不待言。

目前，中国正在实施世界一流大学和一流学科（"双

---

① 参见魏饴《大学素质教育与教育回归人本》之"1.2.1 教育目的观"，湖南人民出版社，2009。

② 〔古希腊〕修昔底德：《德罗奔尼撒战争史》，谢德风译，商务印书馆，1960，第103页。

③ 参见〔古希腊〕亚里士多德《形而上学》，吴寿彭译，商务印书馆，1959，第7页。

一流"）建设，当然离不开科学研究的支撑，但更离不开人文情怀的滋润。人文教育不仅决定着学生为人的方向，还会直接影响学生对万事万物的价值判断（对是非、美丑、善恶、自由、正义等观念的价值态度）。人文教育的这个功能，正是古今中外学校教育之原点。然而，即使在中国最优秀的大学里，也有两个令人担忧的情况我们不得不提：第一，现在一些重点大学的优秀本科毕业生均以考取英美大学的硕士生为目标，即使文科专业毕业生也不惜改弦易辙出国深造；第二，中国大学对泰晤士世界大学排行榜都相当在乎，不论是升还是降对某大学而言都会引起广大师生的极大震动，一些大学主事者更是对自己的进步大书特书。以上两种情况，看似毫不相干，但问题根源同出一辙，即中国大学人文教育包括文科专业极端被轻视。试想，中国大学如果都成了西方大学的预科，以及对根本就没有中国人文科学权重的泰晤士世界大学排行榜之类乐此不疲，由此下去，即使中国的经济实力全球第一，也会缺少人文自觉，最终必将被人掠夺。

三　文化素质教育不等于通识教育

众所周知，中国高校人文教育存在明显偏颇与不足。1995 年前后，华中科技大学主动提出加强大学生文化素质教育工作，通过加强对大学生进行文、史、哲、艺术等人文社会科学和自然科学方面的教育，以提高全体大学生的文化品位、人文素养和科学素质。对此，教育部高度重视。为进一步推动这项工作深入开展，教育部下发了《关于加强大学生文化素质教育的若干意见》（教高〔1998〕2号），成立了教育部高等学校文化素质教育指导委员会，确定在全国普通高等学校建立若干个国家大学生文化素质教育基地。然而，这项工作推进至今已近20年，但大学生文化素质教育工作既没有推出自己的有影响力的核心课程，也没有形成统一实施的机制。

文化素质教育不等于通识教育。一是目标不同。通识教育是一种集中的大学人文素质教育，努力推介倾向明确的人文价值观，以培养具有宽厚人文基础的人；文化素质教育是通过大学生学文、文科生学理弥补基础教育文理分科对学生所造成的缺陷。二是内容不同。通识教育侧重于文史经典，相对集中稳定；文化素质教育侧重于文理基础及其前沿知识，相对宽泛多变。三是形式不同。通识教育倾向于向模式化发展，修读学分和年限约占本科阶段的一半左右；文化素质教育则倾向于专业教育之外的第二课堂活动开展，要求修读学分各校不一，一般在9学分左右。当然，文化素质教育发展至今也有向欧美通识教育靠拢的趋势，这又另当别论。

文化素质教育作为人文教育的一部分，加上有教育部的强力推动，理应有很好的成效，但为何出现今天这个较为尴尬的局面呢？第一，当初提出加强大学生文化素质教育虽有现实必要，但毕竟先天不足，实施大学生文化素质教育与专业教育以及基础教育各自的目标重点并不清晰；第二，西方大学在大学生中开展通识教育已有很成熟的经验，中国教育部重视大学生文化素质教育可能也有跟进的考虑，或者是为了与世界高等教育接轨，但问题是文化素质教育不等于通识教育，具体讲就是文化素质教育一开始就并非着眼于长远的人本教育战略举措；第三，虽然要加强，却没有加强的措施，比如课程设置、学分要求、课时保证、教师选配、教学组织等均未到位。①

四　高等教育转型发展的变与不变

引导高等学校转型发展是当前中国高等教育继"211""985"工程之后的又一场具有世界影响的新变革。2015 年年底，教育部、国家发展改革委和财政部联合发布了《关于引导部分地方普通本科高校向应用型转变的指导意见》（教发〔2015〕7 号），对地方普通高校向应用型转变做出全面部署。转不转？如何转？这里涉及高等教育"变"与"不变"这个核心问题。

既然要求转型，"变"是肯定的。按照 7 号文件，转型发展（变）的任务有 14 项，包括目标定位、转型路径、合作发展、培养模式、实训实习、制度改革等多方面的内容，这里不细谈。问题是，高等教育转型发展不论怎么变，本科高校"育人目标"和"引领社会"的底线都应牢牢坚守。

7 号文件要求转型本科高校加强一线技术技能人才培

---

① 参见魏饴《大学素质教育与教育回归人本》，湖南人民出版社，2009。

养，主动与地方或行业对接、与市场对接、与工作岗位对接等，但在这诸多对接过程中，我们千万不能忘记大学最重要的使命是培养全面发展的人，应坚守人文教育首位原则，这一点从中世纪欧洲创立第一所大学以来始终没有变过。如果我们在转型发展中走过头，或者把大学办成纯粹的"就业教育"机构和"培训机构"，一味听从市场摆布，专业建设没有坚守，学科建设没有特色，大学价值必然消亡。

大学之所以成为大学，还在于大学能够始终引领社会发展的前进方向，每一所成功的大学都有自己的文化之根。正如科尔（C. Kerr）谈到大学引领社会时所说，美国大学"在维护、传播和研究真理方面的作用是无与伦比的，在探索新知方面的能力是无与伦比的，在服务社会方面所做的贡献也是无与伦比的"①。哈佛大学等美国大学的生命力正在于它根植于西方文明的深处并引领了社会发展。其长期视通识为本，视专识为末，值得我们深刻反省。

当前，大学作为供给方服务社会，就有必要深入研究社会，需要甩开膀子大力推进供给侧改革，在转型发展中充分体现自己的引领作用，切不能只注意面向地方或行业，忽视大学人文精神的培育。既要坚守"象牙塔"精神，又要努力成为社会发展的发动机。如果大学毕业生所获得的文凭合格与否最终由社会职介单位评定，必然会导致大学课程设置的根本性改变，进而必然陷入功利主义

---

① C. Kerr, *The Uses of the University*, New York & Row, 1963, pp. 44 – 45.

泥潭。

五　人文通识课程开设模式与制度

世界各国大学人文通识课程开设模式各不相同，也不必统一。

前面提到的被称为通识教育"圣经"的哈佛模式，又被称为"2＋2模式"。该模式成形于1945年该校发布的《自由社会中的通识教育》报告，即把本科教学分为两个阶段，一、二年级为第一阶段，学生不分专业，集中由一个公共教学部门开展人文通识教育；三、四年级为第二阶段，学生与教师经过双向选择进入院系学习专业知识。本科通识教育课程分为三大类六个领域，课程内容均以西方文史传统为重点，课程设置不仅有严格的准入条件，而且每个领域都规定了核心课程要求学生限选。

怎样看"2＋2模式"？我同意香港大学甘阳先生的观点："我国大学发展通识教育，最值得参考、借鉴的确实是美国大学的通识教育制度。"[①] 的确，解决好制度问题，人文课程的开设模式、修读学分、课程设置和教学改革等才会有所遵循，才会便于推进落实。

所谓制度，至少可从以下三个维度来思考。一是要统筹学校人文教育的全部学程。大学人文教育肯定不能像前

---

① 甘阳：《大学人文教育的理念、目标与模式》，《北京大学教育评论》2006年第3期。

些年的文化素质教育那样就是为了补课，人文教育贯穿学校教育始终，从小学开始的各个学程的目标任务是什么，必须有科学规划。二是要统筹各高校人才培养方案的总体框架。从国内外经验看，大学人文教育占二分之一比较恰当。但当下中国高等教育有个很不好的倾向，好像一讲到内部治理就是高校自己的事，不然就违反了《中华人民共和国高等教育法》。结果，弄得很多问题本该大致统一，却搞得五花八门，甚至差别很大。这一点很不正常。三是要统筹人文教育核心课程。内容包括哪些方面？思想政治课究竟是单列还是和人文通识教育一并安排？如此等等，应加强研讨。中国过去实行计划经济，统得很死是问题，但在市场经济条件下关于人的教育是恒定的，应当体现鲜明的民族意识和国家意识，需要整合提高是必然的。

根据我国实际，建议大学人文通识课程采取"公共必修＋核心选修＋第二课堂讲座"模式。"公共必修"课包括政治理论、大学英语、大学语文、高等数学、大学物理、信息技术等，这是大学生必备的人文素养；"核心选修"，可主要在人文科学和社会科学两个领域设置课程，比如"中国近现代史纲要""文明中国""中国人文经典阅读"等可作为通用限选，同时各大学还应周密规划人文教育的校本课程。至于"第二课堂讲座"，学生自愿参加，内容大都是人文、社会和自然科学领域的前沿知识，用以扩大学生的知识面和提升学生人文素养。以上三个部分，学校明确修读总学分，从而强力打造具有中国人文传统的"大学熔炉"。

六 提升大学生人文素养的当务之急

中国高校人文教育不那么令人满意，不论是高校内部还是各级政府管理部门以及社会各界都有一致认识。为此，国家层面所发的文件不少，诸如《中共中央关于进一步加强和改进学校德育工作的若干意见》（1994 年 8 月 31 日发布）、《中共中央宣传部、教育部关于进一步加强和改进高等学校思想政治理论课的意见》（教社政〔2005〕5 号）、《中央宣传部、教育部关于印发〈普通高校思想政治理论课建设体系创新计划〉的通知》（教社科〔2015〕2 号），《教育部、国家体育总局关于印发〈学生体质健康标准（试行方案）〉及〈学生体质健康标准（试行方案）实施办法〉的通知》（教体艺〔2002〕12 号）、《教育部关于进一步加强高等学校体育工作的意见》（教体艺〔2005〕4 号）、《教育部办公厅关于印发〈全国普通高等学校公共艺术课程指导方案〉的通知》（教体艺厅〔2006〕3 号），以及《关于加强大学生文化素质教育的若干意见》（教高〔1998〕2 号）等，这些文件本身都没有错，也有必要，但问题是：第一，单方面突出强调大学生思想政治教育要"三进"，而对大学人文教育的整体规划并不到位；第二，大学生的品德素质、体育素质、艺术素质、文化素质教育等各说各话，这些文件如果都加以落实，学生总课时数就要膨胀，学校根本无法实施。

大学人文教育的开展，当务之急是采取更具体更有效的方式加强国家统筹。上面我已谈到三个统筹，这里再补充几点具体建议。首先，教育部应制定下发加强大学人文教育的文件，统筹思想道德素质、文化审美素质、身体心理素质等人文通识教育课程，要像党中央研究大学生思想政治课开设那样予以重视。其次，国家统筹不能仅仅依靠文件来推动，还得有专门的部门加强立法和监管，大学人文教育也应该有国家标准。最后，各大学还要专门设立"人文教育中心"或"人文教育部"，类似于美国大学的"文理学院"和日本大学的"教养部"，负责本校在校所有大学生的人文教育工作。这方面，此前虽然也有复旦大学"复旦学院"、北京大学"元培计划"实验班、南京大学"匡亚明学院"等，对统筹实施人文通识教育做出了很多有益的探索，但国家层面并没有进一步的总结和推广，毕竟是少数学校的行为，改革步履维艰。

七　文科专业转型发展的主要着力点

国家推动高等教育转型发展，其中一个突出的着力点就是专业教育必须与地方和行业服务对接。文科专业具体如何对接地方和行业服务？这很可能是个难题，但我们绝不能因难却步。以下几个着力点，如果我们不能切实推进，文科专业转型发展就是一句空话。

一是观念上的转型。专业教育必须以学生就业为导向，把学生的就业能力培养摆在重要位置。就业能力包括应用层、发展层与核心层。应用层是指在具备一定专业知识基础之上的求职应聘能力，发展层是指为就业发展应具备的学习创新和解决问题的能力，核心层重在大学生对个人的认知和对社会的认知，诸如忠诚、担当、勤勉、敏锐等要素。我们的文科教学都是围绕就业能力的相关层面来组织施教的吗？有的教师可能连这个概念都没有。

二是教学方式方法的转型。文科专业教学与理工专业教学不同之处，即在于教师和学生对问题的判断极具灵活性和创新性。教师要在教学中传递给学生正确的价值观，能力培养尤为重要。其中，大力倡导案例教学、实践教学应该是最受学生欢迎的文科教改转型方向。案例教学以问题为导向，以师生平等为原则，在教学互动过程中可传授批判性思维和解决问题的方式方法。实践教学对文科教学革除重思辨轻实践常见弊病、让学生在实际参与和实践中提升自己更是最有效的形式，这也当是文科教学改革的重要着力点。

三是改革对文科教学的评价势在必行。文科专业的转型发展，归根结底是要打破固有的评价机制和标准。人文课程带有较强的地域性和民族性，一个地方、一个国家的人文传统差别很大。因此，一方面，要考虑在充分尊重本地人文传统前提下，采用不同标准并与理工科教学分开考核评价；另一方面，还得根据文科专业特点制订一整套建设办法，建立有效的激励约束机制，包括教师聘任办法、教学评价机制和科研奖励办法等。

改革开放初期高师文科专业
教学改革启示

——以教育部颁发的三个文科专业
教学计划试行方案为例

一 拨乱反正，制订德智体全面发展
人才培养方案必须坚持

1976 年 10 月，"文化大革命"十年动乱终于随着"四人帮"的垮台而结束，国家百废待兴。在党的十届三中全会上，正式通过《关于恢复邓小平同志职务的决议》。

"四人帮"横行时期，高校正常教学秩序遭到破坏，文科教学同样遭到前所未有的摧残。1977 年 8 月 8 日，邓小平在一次座谈会上指出："我自告奋勇管科教方面的工作，中央也同意了。我们国家要赶上世界先进水平，从何着手呢？我想，要从科学和教育着手。"① 随后，1978 年 3 月，召开了举世瞩目的全国科学大会；1978 年 4 月，又召开了全国教育工作会议。"科学技术是第一生产力""培养德智体美全面发展的社会主义建设者和接班人"很快形成共识，家喻户晓，我国迎来了科学和教育的春天。

经过长期社会动乱，教育界如何拨乱反正，无疑是摆在党和政府以及广大教育工作者面前的一个非常严峻的课题。邓小平恢复职务不久，即召集教育部主要负责人一起研究这一问题，甚至批评教育部的同志胆子小，工作不主动，希望他们"像下连队当兵一样，下去当'学生'"。如大学如何招生，大学四年制本科课程如何设置，教学、科研如何与生产实践相结合等都要通过下基层认真调研才能解决。邓小平语重心长地指出："教育方面有好多问题，归根到底是要出人才、出成果。"②

为落实邓小平同志的指示，教育部召开了一系列教学改革座谈会，紧锣密鼓地听取各方意见。其中，1978 年 6 月在武汉召开的高校文科教学工作座谈会（以下简称"武汉会议"），是一次在文科领域清算林彪、"四人帮"罪行，具体研究如何有效实施有关文科专业人才培养的会议。

"武汉会议"，一方面，实事求是地回顾和分析了新中国成立以来文科教学的历史与现状，全面总结了新中国成立后在毛主席的正确领导下高校文科教学所取得的成绩，

---

① 《邓小平文选》第 2 卷，人民出版社，1994，第 48 页。

② 《邓小平文选》第 2 卷，人民出版社，1994，第 68、70 页。

也认真清算了"文革"时期文科遭受的深重灾难；另一方面，从提高高校文科地位和加强高校文科作用入手，以必须摆脱社会上长期存在的"轻文"思想为前提，以正确贯彻理论与实践相结合、培养德智体全面发展的社会主义劳动者为基本原则，对汉语言文学、政治教育和历史三个文科四年制本科专业教学计划（以下简称"三个计划"）进行了仔细研讨。

高校文科是意识形态领域一块特别重要的阵地，是对大学生实施价值观教育的主要课堂，不论是过去还是现在，无不处于敌我斗争的最前沿。中国共产党是以马克思列宁主义理论为思想基础建立起来的以工人、农民为主体的无产阶级政党。我们要高举马克思列宁主义的旗帜，坚持走中国特色社会主义道路，就必须造就千千万万的可靠接班人，突出德智体全面发展的人才培养方向永不偏航。过去，"四人帮"出于篡党夺权的需要，搞实用主义哲学，搞阴谋文艺和影射史学，篡改马克思主义的革命原理，将整个高校文科以及人才培养弄得一团混乱，历史的教训必须永远牢记。

二　"三个计划"值得我们认真学习

党的十一届三中全会于 1978 年 12 月 18 日至 22 日隆重举行。这次会议重新确立了解放思想、实事求是的思想路线，并做出把党和国家的工作重心转移到经济建设上来实行改革开放的伟大决策，开启了改革开放的历史新时期。在此背景下，"三个计划"在"武汉会议"后又几经研讨修订，终于在1981年4月由教育部颁布试行（文件见"附件"）。

邓小平同志《在全国教育工作会议上的讲话》明确指出："我们的学校是为社会主义建设培养人才的地方。培养人才有没有质量标准呢？有的。……应该使受教育者在德育、智育、体育几方面都得到发展……'四人帮'反对严格要求学生学习科学文化，反对学生以学习科学文化为主，胡说这是'智育第一'，是'脱离无产阶级政治'。"① 邓小平在一次与教育部主要负责人的谈话中还具体指示："大学学制本科一般定为四年，这个问题认识基本一致了。医科不同，可以长一些。还有个别专业也可以长些。所谓四年，基础课恐怕要两三年。基础打得不好，搞科研是有困难的。"② 以上均为"三个计划"的制订指明了方向。

"三个计划"从"武汉会议"通过到1981年教育部发文，前后历时近三年。其作为改革开放初期出台的代表我国将来高教改革方向的重要文件，至今看来仍有很多地方值得我们研究和学习。主要包括以下几点。

第一，全面体现了党关于德智体全面发展的学校教育方针。该方针最早是毛泽东在1957年2月最高国务会议上的讲话《关于正确处理人民内部矛盾的问题》中提出的，后又多次强调并明确认定。该方针后来被列入1978年3月5日通过的我国新宪法中。从"三个计划"看，政治理论课＋每周1学时的思想政治教育报告，德育教学时数占教

---

① 《邓小平文选》第2卷，人民出版社，1994，第103页。
② 《邓小平文选》第2卷，人民出版社，1994，第69页。

学总时数的 15% 左右；公共基础和专业课程占教学总时数的 75% 左右；体育课程占教学总时数的 5% 左右。四年教学总时数共 2600 学时左右（含思想政治教育报告）。其主要为满足当时学生对知识的渴求，也是邓小平关于学生应以学为主、"没有从难从严的要求，没有严格训练"① 就不能达到赶超世界先进水平思想的体现。

第二，突出专业基础理论、基本知识和基本技能（"三基本"）课程设置，为学生毕业后从事劳动实践打下坚实基础。应该说，随着社会的不断发展，每个专业都已积累丰富的知识底蕴，同时也有不少新的专业发展和应用问题等待人们去解决和掌握。然而，大学四年，学生对专业已然和未然问题无法穷尽，"三个计划"的制订明确提出重在解决专业学习"三基本"很有创意。基础理论是人们从实践中所做出的关于自然界和社会的系统认识或某个学科专业的整体规划，如哲学；基本知识则是人类的认识成果，如现代汉语、先秦史等；基本技能，这里是指学生将来从事专业工作以及生存所必须具备的素质和技能，如中学语文教材教法、语文与习作等。自此以后，"三基本"成为各高校制订专业教学计划的基本遵循。

第三，强调理论联系实际，让学生真正掌握所学知识，并初步具备相应的工作能力。一切从实际出发，实事求是，理论联系实际，既是马克思主义的学风，也是党领导革命和建设社会主义取得成功的根本经验。以马克思主义为指导的

① 《邓小平文选》第 2 卷，人民出版社，1994，第 104 页。

大学文科人才的培养，自然应当走理论联系实际，在实践中锻炼成长的道路。"三个计划"另一个突出的共同特色就是每学期均安排一周时间的生产劳动、军事训练、社会调查（寒暑假的社会实践除外），四年总共8周，约占总周数的4%。过去，高中毕业后都得上山下乡接受生产劳动锻炼一段时间，然后才有资格推荐上大学或参加工作。这虽然有点过头，但其收获不能低估。现在，大学生从学校到学校，对社会了解太少，基本不能分析问题和解决问题。因此，每学期集中一周的体力劳动安排值得我们认真反思。

第四，强化学生的专业综合训练和科学研究的初步训练。关于科学研究的初步训练，"三个计划"主要通过学生毕业论文（设计）来实现，训练时间为6周。它对一个大学生而言不可或缺，是其专业应用能力的全面展现。这一点，即使在当今各大学的专业教学计划中也均作为重点予以保留，甚至从论文（设计）选题到答辩及成绩评定，每个环节均有严格的要求和训练目标，不必细说。需要重点指出的是"三个计划"对学生进行综合的专业训练方面。"三个计划"要求低年级学生结合课堂教学，适当组织课外的学科活动，或练习写读书笔记、短篇文章。这实际上是为学生在大四阶段撰写毕业论文（设计）做准备，是学生科学研究能力训练渐次推进的重要环节。笔者作为1977级汉语言文学专业大学生，的确尝到了以上安排的甜头。或关于一首古诗词的鉴赏，或是某篇小说结尾的优劣争鸣，甚至是文学名篇中的一个标点、一个用词探讨等，还在读书期间，笔者就在报刊上公开发表多篇"豆腐块"。今天想来其对本人后来的专业发展真的功不可没。

第五，全程设计大学四年教学内容，确保培养质量基本规格。"三个计划"让我们感受最深的还有，为切实保证教学计划能达到培养目标所需教学时间，很认真地对大学四年教学安排进行了全程设计。一是对大学四年的整体设计。四学年共208周，具体包括教学和科研152周，约占总周数的73%；生产劳动、军事训练和社会调查8周，约占总周数的4%；入学教育和毕业教育4周，约占总周数的2%；寒暑假共44周，约占总周数的21%。二是对学生每周每天的上课或自习也有具体分析和设计。每天白天可安排集中学习以7学时计，每周共42学时；另每周可安排三日集中晚自习，每晚以2学时计，共6学时。这样学生每周集中学习的时间为48学时。三是"三个计划"还对选修课程乃至课余讲座等进行了规划，而当下高校的专业教学计划对此基本都不再考虑，这对培养质量必然有影响。同时，"三个计划"还明确规定应适当减少授课时数，增加学生自学时间，每周上课时数第一、二学年以20学时左右为宜，第三、四学年递减。以上设计，虽然文件明确对各高等师范学校只是一个参考，但对我们规范办学，特别是对接触社会非常有限的广大学生而言很有必要。

三 关于思想政治理论课的开设与教学实效性

在大学各专业教学计划中设置思想政治理论课，造就一代又一代坚持社会主义、坚持马克思列宁主义、能够同妄图对中国实施"和平演变"的一切敌对势力的各种错误思潮进行战斗的坚强战士，关系到社会主义在中国的前途和命运，其重要性不言而喻。过去，我们在这方面用力也不少，但效果并不十分理想。确保思想政治理论课教学的实效性，仍是当下需要重点解决的。对照"三个计划"有关思政课的开设，笔者认为有以下几个问题值得探讨。

首先，关于改革开放以来高校思政课"四大方案"之比较。

改革开放前期，邓小平同志就多次谈到，学校要遵照毛泽东主席的指示，注意培养德智体全面发展的合格人才。同时针对"文革"期间高校马克思主义理论课被取消的状况，教育部随即推出《教育部关于印发〈改进和加强高等学校马列主义课的试行办法〉的通知》［（80）教政字010号］。这是党的十一届三中全会以后我国关于高校思想政治理论课开设及人才培养的第一个重要文件（以下简称"80方案"）。"80方案"制订基调就在于有效解决培养德智体全面发展合格人才问题，这在"三个计划"中已具体体现，并为后来适时发布改进的高校思政课"85方案"、"98方案"和"05方案"奠定了基础，指明了方向。

"80方案"的主要内容。关于思政课开设目的："我国高等学校开设马列主义课，对学生进行马列主义、毛泽东思想的基本理论教育，体现了社会主义高等学校的特点和优势，对各系各专业的学生都是十分必要的。……才能使学生自觉地坚持四项基本原则，端正学习目的。"关于课程设置与教学时数："全国高校本科开设中共党史、政治经济学、哲学。文科专业加开国际共产主义运动史，也可试开科学社会主义。"文科专业四门课，每门各为一学年，全学年实际教学时数一般不少于 105 学时，四年不少于 420 学时；理、工、农、医各专业的三门课，每门各为一学年，全学年实际教学时数一般不少于 70 学时，三门课共不少于 210 学时。关于思政课教学方针：一是"使马列主义课不断适应社会主义现代化建设事业发展的新形势"；二是"要发扬理论联系实际的学风"；三是"要坚持科学性和党性相一致的原则"。

通过将"80 方案"与后续三个方案比较，我们发现，思政课的开设目的和教学方针都一致。课程的具体设置，虽然四个方案各有不同，但其设置理念基本相同，均根据时代发展的新形势以及进一步落实我国高校人才培养的根本要求而有所发展。当然，关于思政课课程设置是否应该保持稳定，思政课在专业教学计划中的比重又是否应有合理的分配，回答是肯定的。"80 方案"思政课设置如上所述，理工科专业占比 8%，文科专业占比 16%①；"85 方案"由中共中央以"中发〔1985〕18 号"文件发布，分为"中国革命史"和"中国社会主义建设"两类课程，包括"马克

---

① 因我国高校专业教学计划总课时总体不稳定且出入较大，这里结合全球大学办学经验，突出"自治、自由、批判和创造"，联系我国实际，专业教学总课时取基本合理值 1600。本段折算占比原则上以此为据，但具体折算"80 方案"时做了特殊处理。据本文末所附"三个计划"，四年制专业总教学时数已达 2600 左右（含思想政治教育报告），明显偏高于合理值，这与当时高校师生决心夺回过去损失有关。为保持思政课前后四套方案占比的可比性，"80 方案"每课时按 62% 折算。

思主义理论"和"世界政治经济和国际关系",简称"两课",占比13%（理工科略少）；"98方案"由中宣部和教育部联合以"教社科〔1998〕6号"文件发布，包括"思想道德修养""法律基础""形势与政策""马克思主义哲学原理""马克思主义政治经济学原理""毛泽东思想概论""当代世界经济与政治""邓小平理论概论"等八门课程，占比20%（理工科略少）；"05方案"由中宣部和教育部联合以"教社政〔2005〕9号"文件发布，包括"马克思主义基本原理概论""毛泽东思想和中国特色社会主义理论体系概论""中国近现代史纲要""思想道德修养与法律基础""形势与政策"等五门课程，占比18%。从以上"四大方案"看，思政课的稳定性和比重相互联系，重在正确处理红与专的关系以及思政课核心课程的确认问题。目前，专业课已有通行的国家标准，思政课的稳定非常有必要，笔者认为"80方案"应是重要参照。

其次，认真研究"80方案"实效性，不断推进课程体系创新。

"80方案"所明确的三点教学方针，其根本指向就在于思政课教学的实效性，这也是后续思政课改革方案从内容到形式不断改进的基本动因。邓小平同志说："毫无疑问，学校应该永远把坚定正确的政治方向放在第一位。但这并不是说要把大量的课时用于思想政治教育。"[1] 2016年12月7日，习近平总书记在全国高校思想政治工作会议

---

[1] 《邓小平文选》第2卷，人民出版社，1994，第104页。

上的讲话强调："思想政治理论课要坚持在改进中加强，在创新中提高，及时更新教学内容，丰富教学手段，不断改善课堂教学状况，防止形式化、表面化。"① 两位主要领导的讲话前后相隔近 40 年，但其强调的重点完全一致——思政课的开设和教学必须讲究实效性。笔者认为，"80 方案"作为第一个加强大学生马列主义修养的思政课方案，在实效性方面有以下几点值得学习。

一是各专业普修的三门思政课，各有侧重，权重突出。"中共党史"，是为民族解放和人民幸福而英勇奋斗的历史，也是马列主义中国化的生动案例，侧重于增强学生的马克思主义修养和爱国主义情感；"政治经济学"，是马克思主义社会学理论的三个组成部分之一，创立了剩余价值学说，论证了资本主义必然灭亡和社会主义必然胜利的客观规律，侧重于在经济学领域让学生认识到中国共产党的先进性；"哲学"，是元理学，马克思主义哲学以思维和存在的关系为主线，系统论述了辩证唯物主义的物质观、实践观和意识观，侧重于通过学习让学生为真理不懈努力。以上三门课程，均在于帮助学生树立正确的世界观、人生观和方法论，功能上充分体现了德育普修的专业指导和必修价值。二是分类施策，将文科和理工科区别开来，课程设置权重不同，不仅体现了对文科学生价值观教育的更加看重，同时也保证了其他学生专业学习不受影响。该

---

① 《习近平同志在全国高校思想政治工作会议上的讲话》，《中办通报》2016 年第 31 期。

方案明确文科学生加开"国际共产主义运动史"或试开"科学社会主义"。两门课互为依存,均以"国际共运"为研究对象,侧重于阐述只有推翻剥削阶级的社会建立起人人平等的社会主义,进而实现共产主义才是人类共同理想。这对大学文科生而言,都是必须具备的历史观。邓小平同志谈到人才培养时还曾告诫我们:"这里,一个重要的问题,是对又红又专要有正确的理解,合理的要求。"[①]笔者认为,"80 方案"分类施策,并在不同科类专业课程总量上予以控制对我们应有启示。三是思政课教学很容易流于空泛说教,弄得"言者谆谆,听者藐藐"。"80 方案"对发扬理论联系实际的学风,特地还提出以下要求:"按照课程的科学体系,讲清基本原理,并和客观实际密切联系起来。客观实际是多方面的,有历史实际、国内外形势实际、学生的思想实际和专业实际等等。……引导学生运用基本原理分析研究实际问题,加深对理论的领会,端正思想,提高觉悟。"对教师的指导很具体、很实在。2015年 1 月,中共中央办公厅、国务院办公厅印发的《关于进一步加强和改进新形势下高校宣传思想工作的意见》指出:"实施高校思想政治理论课建设体系创新计划,全面深化课程建设综合改革。"这一改革思路,目的正是要增强思政课的实效性,我们尚需努力。

最后,切实落实思想政治教育"三全育人"(全面性、全程性和全员性)举措。

---

① 《邓小平文选》第 2 卷,人民出版社,1994,第 91~92 页。

"三全育人"，近些年我国各大学关于学生思想政治教育工作的总结中一般都会谈到。"全面育人"是指从课堂教学、教学管理、后勤服务以及校园文化等方面对学生实施全方位育人；"全程育人"，是指从新生入校开始至毕业走出学校整个学程都要贯穿育人主线；"全员育人"，即教师、教辅、管理以及后勤人员等全体教职员工都有育人职责。应该说，"三全育人"提出后，也涌现出不少好的做法和经验，但我们如果对照要求实地考察就不难发现，其中很大一部分不过就是应景文章，实际效果并不理想。毕竟，国家对这项工作还没有出台刚性的制度文件，广大教育工作者一般是凭忠诚做贡献。

　　"三全育人"的基本思想，在最早的"80方案"中就已有所涉及，该文件指出："马克思主义课和形势教育及日常思想政治工作既有联系，又有区别。……日常的思想政治工作主要解决学生的学习态度、思想作风、政治表现和道德品质中存在的问题，对这项工作，党团组织应当抓紧，教师和干部也都有责任。这三方面必须同时加强，互相配合。"的确，对学生的思想品德教育绝不是仅仅依靠几门思想政治理论课就能做好的。习近平总书记指出，大学生的思想政治教育"要用好课堂教学这个主渠道，思想政治理论课要坚持在改进中加强，提升思想政治教育亲和力和针对性"；"其他各门课都要守好一段渠、种好责任田，使各类课程与思想政治理论课同向同行，形成协同效应"；"要更加注重以文化人以文育人，广泛开展文明校园创建，开展形式多样、健康向上、格调高雅的校园文化活动，广泛开展各类社会实践"。①"三全育人"从提出到现在已近40年，这项工作的重要性不待多言，关键是如何落实。

从思想政治教育的主渠道——课堂教学看，进一步进行课程规范设置，保持其稳定性方面仍有待改进；课堂教学重点在实效性方面还需要有大的突破，应注意纠正把马克思主义变成单纯的知识传授，或者把马克思主义只当成学术研讨的错误做法，一定要帮助学生领会马克思主义的立场、观点和方法，提高运用马克思主义分析问题、解决问题的能力。至于学校课堂之外的思想政治教育问题，推进工作的"牛鼻子"就在于找到一个有力的抓手，切实解决"三全育人"认识上重要、行动上热闹、效果上肤浅的问题。比如说，我们是否也可以像"院校评估"或"专业评估"一样对"三全育人"做一次制度性的评估和检验？此前，教育部曾印发《高等学校思想政治理论课建设标准（暂行）》，也收到一些实效，但这还不够，应该从"三全育人"角度进行全面设计。

附件

教育部关于试行高等师范院校文科
三个专业教学计划的通知

（81）教高一字019号

各省、市、自治区高教（教育）局（厅），各高等师范院校：

高等师范院校四年制本科汉语言文学、政治教育、历

---

① 《习近平谈治国理政》第2卷，外文出版社，2017，第378页。

史三个专业的教学计划，在一九七八年武汉文科教学座谈会后，曾发到部分院校征求意见。今年三月，我部又召集部分高等师范院校对这三个专业教学计划进行了讨论并作了修订。现印发给你们试行。这些教学计划仍然是参考性文件，各校可根据这些规定，结合学校特点，制订适合本校情况的教学计划。在试行中有何问题和意见，请告诉我们。

附件

1. 关于修订高等师范院校四年制本科文科三个专业教学计划的说明

2. 高等师范院校四年制本科汉语言文学、政治教育、历史专业教学计划（试行草案）

一九八一年四月十六日

关于修订高等师范院校
四年制本科文科三个专业教学计划的说明

一、培养目标

高等师范院校本科的基本任务是培养中等学校师资。具体要求是：

热爱中国共产党，热爱社会主义；努力学习马列主义、毛泽东思想的基本原理，逐步树立辩证唯物主义和历史唯物主义观点；具有爱国主义、国际主义精神和共产主义道德品质；坚决执行党的教育方针政策，忠诚党的教育事业，自觉地为社会主义现代化建设服务。

掌握本专业所必需的基础理论、基本知识和基本技能；尽可能了解与本专业有关的科学新成就；获得科学研究的初步训练；具有一定的分析问题和解决问题的能力；掌握马克思主义的教育理论，具有从事中学教育和教学工作的初步能力；能用一种外国语读本专业的外文书刊。

具有健全的体魄。

各专业可根据上述基本要求，规定具体标准。

二、时间安排

坚持以教学为主，切实保证为达到培养目标所必需的教学时间。

1. 四学年共 208 周，其中：教学和科学研究 152 周，约占总周数的 73%。教学包括课堂教学、考试、教育实习、科学研究等。除去考试 12 周、教育实习 6 周外，上课 128 周，科学研究 6 周。生产劳动、军事训练和社会调查 8 周，约占总周数的 4%。机动时间（包括入学教育和毕业教育）4 周，约占总周数的 2%。寒暑假每学年 11 周，共 44 周，约占总周数的 21%。各地可根据教育部（80）教办字 182 号文件的精神作具体安排。

2. 学生每周学习时间按 48 学时计算（每天以 7 学时计，每周 42 学时；三个晚自习，每晚以 2 学时计，共 6 学时）。适当减少授课时数，增加学生自学时间，每周上课时数第一、二学年以 20 学时左右为宜，第三、四学年递减。上课与自学时间之比约为一比二。

三、课程设置

各专业应根据培养目标的要求和循序渐进的原则安排课程，加强基础理论、基本知识的教学和基本技能的训练。注意课程之间的系统性和联系性，突出和加强"主干"课程。当减少必修课程，增加选修课程，使学生在学习上有一定的选择余地。从学生的实际出发，培养和提高学生的自学能力、思维能力、研究能力和表达能力。

1. 政治理论课，汉语言文学专业开设中共党史、政治经济学、哲学三门，历史专业开设政治经济学、哲学二门；思想政治教育报告，平均每周按 1 学时计算，四学年共约 140 学时。政治理论课的教学时数占教学总时数的 15% 左右。

2. 外国语课，安排在第一、二学年，每周 4 学时，共约 280 学时，占教学总时数的 10% 左右。有条件的学校可在高年级开设专业外国语选修课程。

3. 教育课，开设心理学、教育学、中学教材教法三门，共约 140 学时，占教学总时数的 5% 左右。

4. 体育课，安排在第一、二学年，每周 2 学时，共约 140 学时，占教学总时数的 5% 左右。

5. 专业课，包括专业基础课和选修课，约占教学总时数的 65% 左右。专业课时间必须给以充分的保证。在保证学生学好基础课的前提下，各专业可根据培养目标的要求和师资等条件，开设若干门选修课程，目的主要是扩大学生的知识领域，提高学生的文化科学知识水平和独立工作能力。选修课的教学时数约占教学总时数的 15% 左右。选修课的内容不宜过窄。学生在教师的指导下按规定的选学时数选学几门课程。同时，根据教学需要开设若干专题讲座，学生自由听讲，不计学时。

四、教学环节的安排

合理安排好教学的各个环节，是修订教学计划的一个重要方面。课堂讲授是主要的教学环节，但授课时数不宜过多，关键是提高讲授质量。要进一步精选内容，改进教学方法，实行启发式教学，努力克服"满堂灌"现象。适当增加课堂讨论等教学环节的时间，切实加强基本训练。

课程的考核是巩固学生所学知识，检查教学效果的重要环节。考核分考试、考查两种。每学期考试的课程一般为两三门。学习成绩优异者，经过考核，领导批准，可以免修某些课程，可以跳级或提前毕业。考核成绩（包括教育实习成绩）不及格者，按教育部有关学生学籍管理的规定办理。

教育实习是对学生进行专业思想教育，锻炼和提高他们从事教育、教学工作能力的重要途径，要订出实习大纲，并努力安排好。教育实习以课堂教学为主，并担任一定的班主任工作。

学生参加科学研究，目的是对学生进行综合的专业训练和科研方法的初步训练。低年级学生主要是结合课堂教学，适当组织课外的学科活动，或练习写读书笔记、短篇文章，不单独安排科研时间。四年级学生的科学研究时间为6周，结合毕业论文进行。

组织学生参加一定的生产劳动和军事训练，进行社会调查，是贯彻理论联系实际原则，加强劳动教育和保卫祖国教育，促进学生全面成长的不可缺少的重要环节，四学年共安排八周，可以集中使用，也可以分散安排。各专业可根据课程特点和教学的需要，组织学生参加一些社会调查（包括教育调查）或教学参观活动。劳动、军训能与教学、社会调查结合起来的，时间可以变通使用。

修订教学计划要体现统一性与灵活性相结合的原则。各校可参照本《说明》的基本要求和教育部的有关规定，结合自己的实际情况修订教学计划，以保证国家培养合格师资的要求。同时，在具体安排上，允许根据不同学校和不同专业的具体情况，因地制宜，发展其特长和特色。鼓励和支持进行课程和教学方法改革的试验。有条件的学校或专业可试行学分制，自行制订学分制的教学计划。

高等师范院校四年制本科汉语言文学专业教学计划
（试行草案）

一、培养目标

本专业培养中等学校的语文教师。具体要求是：

热爱中国共产党，热爱社会主义；努力学习马列主义、毛泽东思想的基本原理，逐步树立辩证唯物主义和历史唯物主义观点；具有爱国主义、国际主义精神和共产主义道德品质；坚决执行党的教育方针政策，忠诚党的教育事业，自觉地为社会主义现代化建设服务。

掌握本专业所必需的基础理论、基本知识和基本技能；尽可能了解与本专业有关的科学新成就；能阅读一般的汉语古籍，具有较强的分析和评论各类文章和作品的能力，有较好的口头和文字表达能力；写好汉字，会讲普通话；初步具有从事科学研究的能力；掌握马克思主义的教育理论，具有从事中学教育和教学工作的初步能力，能用一种外国语阅读一般的外文书刊。

具有健全的体魄。

二、课程设置

（一）必修课

1. 中共党史　　　　　2. 政治经济学

3. 哲学　　　　　　　4. 心理学

5. 教育学　　　　　　6. 中学语文教材教法

7. 外国语　　　　　　8. 体育

9. 现代汉语　　　　　10. 语言学概论

11. 古代汉语（包括工具书使用法）

12. 写作（或文选和写作）

13. 文学概论

14. 中国现代文学（包括史和作品、现代和当代，可以分别或合并开设）

15. 中国古代文学（包括史和作品，可以分别或合并开设）

16. 外国文学　　　　　17. 美学

18. 逻辑知识

（二）选修课

各校根据自己的条件和特点开设选修课。选修课中，有些是为了直接加强专业基础、有利于提高从事中学语文教学工作的能力，有些可以使学生对本门学科的最新成就和某一领域内的专门知识有所了解。

1. 中国通史（也可必修；或开讲座；或只发教材，学生自学。）

2. 世界通史   3. 自然科学概论

4. 中国哲学史   5. 外国哲学史

6. 中国文化史

7. 世界文化史

8. 中学语文教学专题研究

9. 写作专题研究

10. 中外语言学理论专题研究

11. 现代汉语专题研究

12. 古代汉语专题研究

13. 方言研究

14. 文字学或文字改革问题研究

15. 古代汉语专著研究

16. 汉语史专题研究

17. 工具书研究

18. 目录学研究

19. 民间文学研究

20. 儿童文学研究

21. 文艺理论专题研究（如马克思主义文艺理论经典著作选读，毛泽东文艺论著选读，马列主义文艺专题研究，毛泽东文艺思想研究，中国文学理论批评史，中国古代文论专题研究，外国资产阶级文艺思想研究，当代外国文艺思潮与流派专题研究等。）

22. 中国现代文学专题研究（如毛泽东同志和老一辈无产阶级革命家诗词研究，鲁迅研究，郭沫若研究，现代文艺思潮与流派专题研究，茅盾、巴金、赵树理、曹禺等作家研究。）

23. 中国当代文学专题研究（包括解放以来某一时期文学的专题研究，以及文艺思想斗争、作家作品的专题研究等。）

24. 中国古代文学专题研究（可以开设专史或断代史研究，也可以开设作家、作品、流派的研究，如：中国古代小说史，唐代文学，少数民族文学，屈原、陶渊明、李白、杜甫、苏轼、关汉卿，《红楼梦》、《聊斋志异》等。）

25. 外国文学专题研究（可以开设专史或断代史研究，也可以开设作家、作品、流派的研究，如：十九世纪欧洲批判现实主义文学研究，莎士比亚、巴尔扎克、托尔斯泰、高尔基等作家的研究，当代外国文学专题研究等。）

（三）讲座

各校根据情况开设讲座，内容主要介绍本专业和人文学科其他专业的新成就、新发展，以及科学技术的基础知识。例如：

阅读指导讲座

书法讲座

朗读讲座

中学语文教学经验讲座

国内外语言学、文艺学动态讲座

哲学社会科学动态讲座

科学技术最新成就讲座

三、时间分配（见表一）

四、教学时间计划（见表二）

表一　时间分配

周数\项目 学年\学期	教学		教育实习	科学研究（毕业论文）	生产劳动军事训练社会调查	机动	寒暑假	共计
	上课	考试						
一 1	17	1.5			1	0.5	4	52
一 2	18	1.5			1	0.5	7	
二 3	17	1.5			1	0.5	4	52
二 4	18	1.5			1	0.5	7	
三 5	17	1.5			1	0.5	4	52
三 6	18	1.5			1	0.5	7	
四 7	11	1.5	6		1	0.5	4	52
四 8	12	1.5		6	1	0.5	7	
共计	128	12	6	6	8	4	44	208

表二 教学时间计划

顺序	课程	学时数			按学年及学期分配							
					第一学年		第二学年		第三学年		第四学年	
		共计	讲授	课堂讨论	第一学期17周	第二学期18周	第三学期17周	第四学期18周	第五学期17周	第六学期18周	第七学期11周	第八学期12周
1	中共党史	70			2	2						
2	政治经济学	105					3	3				
3	哲学	105							3	3		
4	心理学	34					2					
5	教育学	51							3			
6	中学语文教材教法	54								3		
7	外国语	210			3	3	3	3				
8	体育	140			2	2	2	2				
9	现代汉语	105			3	3						
10	语言学概论	36						2				
11	古代汉语	140				4	4					
12	写作	105			3	3						
13	文学概论	105			3	3						
14	中国现代文学（包括当代）	175			3	3	2	2				
15	中国古代文学	346					4	4	4	4	6	
16	外国文学	140							4	4		
17	美学	54						3				
18	逻辑知识	34			2							
	必修课共计	2009										
	选修课	420					2	2	4	4	6	12
	总学时数	2429										
	周学时数				21	23	22	21	18	18	12	12

高等师范院校四年制本科政治教育专业教学计划
（试行草案）

一、培养目标

本专业培养中等学校的马克思主义理论教师。具体要求是：

热爱中国共产党，热爱社会主义；努力学习马列主义、毛泽东思想的基本原理，逐步树立辩证唯物主义和历史唯物主义观点；具有爱国主义、国际主义精神和共产主义道德品质；坚决执行党的教育方针政策，忠诚党的教育事业，自觉地为社会主义现代化建设服务。

掌握本专业所必需的基础理论、基本知识和基本技能，熟悉马列和毛泽东的主要著作，正确理解党的路线、方针、政策；了解马列主义理论研究的新动态、新成就；获得科学研究的初步训练；具有一定的分析问题和解决问题的能力；掌握马克思主义的教育理论，具有从事中学教学工作和思想政治工作的初步能力；有较好的口头和文字表达能力；能用一种外国语阅读本专业的外文书刊。

具有健全的体魄。

二、课程设置

（一）必修课

1. 心理学　　　　　　　2. 教育学

3. 中学政治课研究　　　4. 外国语

5. 体育　　　　　　　　6. 中共党史

7. 中国通史　　　　　　8. 汉语与写作

9. 形式逻辑

10. 国际共产主义运动史（包括部分原著选读）

11. 世界通史（讲到一八四八年）

12. 法学概论　　　　　　13. 政治经济学

14. 科学社会主义　　　　15. 马克思主义哲学原理

16. 马克思主义伦理学　　17. 哲学原著选读

18. 《资本论》选读

（二）选修课

*1. 欧洲哲学史　　　　　2. 中国哲学史

3. 马克思主义哲学发展史 4. 自然辩证法

*5. 欧洲经济学说史　　　6. 世界经济地理

7. 当代西方政治思想研究 *8. 社会主义思想史

9. 现代西方哲学评介　　10. 当代资产阶级经济学说

11. 现代资本主义研究　　12. 现代科技概论

13. 中华人民共和国基本法概论

14. 中国近现代政治思想史

15. 社会学

（有 * 号者为主选修课）

（三）讲座

1. 近现代国际关系研究　2. 民族解放运动专题研究

3. 地方党史研究　　　　4. 辩证逻辑

5. 中国社会主义经济问题研究

6. 美学　　　　　　　　7. 当代文学评讲

8. 中国民主党派介绍

三、时间分配（见表一）

四、教学时间计划（见表二）

表一　时间分配

学年	学期	教学				生产劳动军事训练社会调查	机动	寒暑假	共计
		上课	考试	教育实习	科学研究（毕业论文）				
一	1	17	1.5			1	0.5	4	52
	2	18	1.5			1	0.5	7	
二	3	17	1.5			1	0.5	4	52
	4	18	1.5			1	0.5	7	
三	5	17	1.5			1	0.5	4	52
	6	18	1.5			1	0.5	7	
四	7	11	1.5	6		1	0.5	4	52
	8	12	1.5		6	1	0.5	7	
共计		128	12	6	6	8	4	44	208

表二　教学时间计划

顺序	课程	学时数			按学年及学期分配							
					第一学年		第二学年		第三学年			第四学年
		共计	讲授	课堂讨论	第一学期17周	第二学期18周	第三学期17周	第四学期18周	第五学期17周	第六学期18周	第七学期11周	第八学期12周
1	心理学	34							2			
2	教育学	54								3		

顺序	课程	学时数			按学年及学期分配							
					第一学年		第二学年		第三学年		第四学年	
		共计	讲授	课堂讨论	第一学期17周	第二学期18周	第三学期17周	第四学期18周	第五学期17周	第六学期18周	第七学期11周	第八学期12周
3	中学政治课研究	36								2		
4	外国语	280			4	4	4	4	(2)	(2)		
5	体育	140			2	2	2	2				
6	中共党史	140			4	4						
7	中国通史	140			4	4						
8	汉语与写作	105			3	3						
9	形式逻辑	68			4							
10	国际共产主义运动史	157					5	4				
11	世界通史	140				4	4					
12	法学概论	85					5					
13	政治经济学	175						5	5			
14	科学社会主义	90						5				
15	马克思主义哲学原理	175							5	5		
16	哲学原著选读	92									4	4
17	《资本论》选读	92									4	4
18	马克思主义伦理学	68								4		
	必修课共计	2071										
	选修课	444								8	10	10
	总学时数	2515										
	周学时数				21	21	20	20	18	20	18	18

注：（ ）号内数字为选修课周学时数。

高等师范院校四年制本科历史专业教学计划
（试行草案）

一、培养目标

本专业培养中等学校的历史教师。具体要求是：

热爱中国共产党，热爱社会主义；努力学习马列主义、毛泽东思想的基本原理，逐步树立辩证唯物主义和历史唯物主义观点；具有爱国主义、国际主义精神和共产主义道德品质；坚决执行党的教育方针政策，忠诚党的教育事业，自觉地为社会主义现代化建设服务。

掌握本专业所必需的基础理论、基本知识和基本技能；尽可能了解与本专业有关的科学新成就，并对某一方面的历史知识有比较深入的了解；获得科学研究的初步训练，具有一定的科学研究能力；能够阅读一般的中国古籍；具有较好的口头和文字表达能力；掌握马克思主义的教育理论，具有从事中学教育和教学工作的初步能力；能用一种外国语阅读本专业的外文书刊。

具有健全的体魄。

二、课程设置

（一）必修课

1. 哲学　　　　　　　　2. 政治经济学

3. 心理学　　　　　　　4. 教育学

5. 中学历史教材教法　　6. 外国语

7. 体育　　　　　　　　8. 中国古代史

9. 中国近代史　　　　10. 中国现代史

11. 世界古代史　　　　12. 世界近代史

13. 世界现代史

14. 马克思列宁主义经典著作研读

15. 史学概论　　　　16. 语文与习作

17. 中国历史要籍介绍及选读

（二）选修课

1. 中国断代史

先秦史　　　　秦汉史　　　　魏晋南北朝史

隋唐史　　　　宋史　　　　明清史

2. 国别史

英国史　　　　美国史　　　　俄国史（苏联史）

法国史　　　　德国史　　　　日本史

3. 专史

历史地理　　　考古学概论　　中国史学史

中国哲学史　　　　　　　　中国历史文献学

中国古代经济史　　　　　　中国近代思想史

中国现代思想史　　　　　　外国史学史

欧洲哲学史　　　　　　　　近代国际关系史

中外文化交流史　　　　　　民族解放运动史

科技史　　　　　　　　　　文艺复兴和宗教改革

（三）讲座

根据需要和可能开设若干专题讲座。例如：

国内外史学动态　　当代史学评论

现代科技概论　史学研究成果报告

三、时间分配（见表一）

四、教学时间计划（见表二）

表一　时间分配

学年	学期	教学				生产劳动军事训练社会调查	机动	寒暑假	共计
		上课	考试	教育实习	科学研究（毕业论文）				
一	1	17	1.5			1	0.5	4	52
	2	18	1.5			1	0.5	7	
二	3	17	1.5			1	0.5	4	52
	4	18	1.5			1	0.5	7	
三	5	17	1.5			1	0.5	4	52
	6	18	1.5			1	0.5	7	
四	7	11	1.5	6		1	0.5	4	52
	8	12	1.5		6	1	0.5	7	
共计		128	12	6	6	8	4	44	208

表二　教学时间计划

顺序	课程	学时数			按学年及学期分配							
					第一学年		第二学年		第三学年		第四学年	
		共计	讲授	课堂讨论	第一学期17周	第二学期18周	第三学期17周	第四学期18周	第五学期17周	第六学期18周	第七学期11周	第八学期12周
1	哲学	105			3	3						
2	政治经济学	105					3	3				

| 顺序 | 课程 | 学时数 | | | 按学年及学期分配 | | | | | | | |
| | | | | | 第一学年 | | 第二学年 | | 第三学年 | | 第四学年 | |
		共计	讲授	课堂讨论	第一学期 17周	第二学期 18周	第三学期 17周	第四学期 18周	第五学期 17周	第六学期 18周	第七学期 11周	第八学期 12周
3	心理学	51							3			
4	教育学	54								3		
5	中学历史教材教法	33									3	
6	外国语	280			4	4	4	4				
7	体育	140			2	2	2	2				
8	中国古代史	208			4	4	4					
9	中国近代史	90						5				
10	中国现代史	140							4	4		
11	世界古代史	140			4	4						
12	世界近代史	140					4	4				
13	世界现代史	122							4	3		
14	马克思列宁主义经典著作研读	70							2	2		
15	史学概论	51					3					
16	语文与习作	70			2	2						
17	中国历史要籍介绍及选读	105			3	3						
	必修课共计	1904										
	选修课	381							3	3	12	12
	总学时数	2285										
	周学时数				22	22	20	18	16	15	15	12

美国基础教育师资培养培训述评

　　无论是师范教育理念还是举办师范教育的历史经验及其成效，美国的探索对世界各国都非常有益。1996 年 2 月，我国利用世行贷款"师范教育发展项目"曾派专家考察团前往美国交流，并形成考察报告。2003 年以来，笔者也两次随团到美国考察高等教育，本文特就美国基础教育师资培养培训做如下述评。

一　美国教育概况

（一）教育体制

　　美国教育主要由三级政府提供：联邦政府、州政府和地方政府（学区）。尽管 1979 年美国成立了联邦教育部，但其职责非常有限，主要是教育政策研究和咨询机构，只负责制定教育政策，仅仅从宏观层面对州政府或地方政府等做一些办学引导和监控。比如负责确定国家教育中的主要问题并引起全国人民关注，制定政府对全国教育财政资助的政策，监督教育资助款项的合理分配和使用等。

在州一级，由各州立法机构制定基础教育法规。州教育厅厅长及其下属机构人员和专业教育家以及辅助人员，根据州教育委员会所依法颁布的基础教育政策和要求贯彻实施。教育厅的职责一般有四项：一是将州教育经费分拨给地方学区教育当局（为年度办学经费的50%左右）；二是依法解释有关学校法律；三是负责所属教师在职培训与提高；四是负责向地方学区教育局局长和教委提供咨询。

各州一般设有若干学区，学区设有教育委员会和教育局，学区在设立和管理公立中小学方面具有很大决定权。学区教委负责制定该区教育政策，教育局负责执行。例如，在州政策的指导下，他们有权决定所属中小学的课程、教材，以及教职员工的聘用等，负责所属学校办学基本条件的建设和维护，教育委员会和教育局局长共同负责编制所辖学校预算等。

（二）公立和私立学校

美国学校分公立和私立两种，公立学校系统规模大，由美国政府资助，超过九成的学生在公立学校就读。公立学校接受州政府和联邦政府拨款，也因此受各州政府的监管，并遵守各州议会制定的有关法律法规。私立学校基本不受政府监管，对学校办学发展有影响力的是学校董事会、家长和教师联合会（Parent and Teacher Association，PTA）。

公立和私立高校均由其所在地区或立项地区的州政府授权办学和授予学位。除专门训练职业军官的军事院校外，联邦政府不直接控制大专院校的设立和办学。大多数州设有某种全州性的政策规划和协调机制，指导本州公立高等教育发展。如加利福尼亚州和纽约州，均建有高度发达的全州性高等教育系统。

另外还有近万所非学术性的公立和私立院校，设有各种行业的专业训练课程，这种职业学校通常不授予学位，但颁发行业训练结业证书。

（三）基本学制、义务教育及教育经费

各州学制和义务教育期限不尽相同，义务教育一般到18岁为止。美国教育分为学前教育、小学、中学和高等教育四个阶段。

学前教育和小学阶段，主要目标是使儿童获得全面发展，树立积极的学习态度。重点放在儿童的个人成长上，根据儿童需要和能力实施教学，帮助他们学习和进步。中学阶段，在提供学术教育和职业教育方面有很大灵活性。越来越多的学校允许天资较高的学生在高中最后两年每周多选几小时的高级科学或数学课程。其选修学分常可获得大专院校的认可。美国高中毕业生约65%可以直接升入大学。

凡美国合法居留人（绿卡持有者），均有享受义务教育的权利，义务教育全免费。高等教育则分州立和私立。州民可享受州立大学较低的学费，其他学生学费较高。私立大学不分州内或州外，学费一样。

美国各级各类学校教育经费比较充足，主要来源是联邦、州和地方政府的税收。教育经费增长率高于经济增长率。公立学前和中小学教育经费几乎全部来自政府。一般而言，联邦政府负担教育经费的10%以下，州政府50%左右，地方政府40%左右。教育经费的60%用于学前和中小学教育，40%用于高等院校。中小学生每人年均教育经费在5000元左右，大学生在12000元左右。

二　基础教育师资职前培养

（一）从相对独立向综合型、专业化方向转变

进入19世纪，随着产业革命兴起，欧美先后踏进近代工业社会，工人阶级奋起争取教育权，公费兴学运动蓬勃发展。1823年，赖维伦德·霍尔教士在佛蒙特州康科德市创办了第一所三年制师范学校，讲授"学校管理法"，并附设小学供实习之用，揭开了美国师范教育序幕。1839年，马萨诸塞州列克星敦市创办了全美第一所公立师范学校。此后，各州纷纷仿效，纽约州也在稍晚时候形成州立师范教育体系。这些师范学校除了向未来的教师讲授读、写、计算知识外，还向他们讲授教学艺术和管理方法。到1875年，全美国已有95所公立师范学校，分布在25个州，以培养小学教师为主，共有学生23000人。到19世纪末，美国相对独立的师范教育雏形基本形成。

南北战争（1816~1865）以后，工农业发展迅速，社会上急需中等水平实用人才，特别是美国公共教育制度在各州确立，加上学制延伸，由"八四制"逐渐改为"六三

三制"，中学生人数猛增，中等师范培养的师资数量和质量已不能满足要求。1882 年，亚拉巴马州创立利文斯顿州立师范学院，其他各州纷纷跟进，开启了美国师范教育史上的师范学院时代。据统计，至 1948 年全美有师范学院 250 所。师范教育在美国经历了百余年发展，至此开始全面实现学士学位化教育。师范教育的层次提升了，但相对独立的体制依然存在。

不过，师范学院时代持续时间并不长。这主要源于两个因素：一是 20 世纪 40 年代中期前后，鉴于小学教师任务繁重必须提高训练标准，佛罗里达州首先实行"中小学教师单一工资制"，即教师工资不按任课学校的级别来定，而按他们的教育程度来定，综合大学毕业生的就业优势开始显现；二是 1957 年苏联卫星上天震惊了美国，教育受到指责，尤其是师范学院，更是被指为培养的教师根底薄弱，无法奠定青年一代的科学基础。因此，师范学院为求发展不得不改弦更张，纷纷走向综合性的文理学院或并入综合大学成为其隶属的教育学院，与综合大学内其他学院共同负责培养基础教育师资的任务。到 20 世纪 60 年代末期前后，全美独立的师范学院基本退出历史舞台，预示着美国师范教育综合型、高层次、专业化时代的到来。

（二）美国师范教育高层次、专业化的几个重要抓手

20 世纪 80 年代早期，美国政府为保持其强国地位，鉴于当时世界范围内的经济和科技竞争日益加剧，便对本国教育现状进行了重新审视，进而掀起战后新一轮的师范

教育改革运动。本次运动所推出的第一个浪潮，是美国高质量教育委员会于 1983 年 4 月提出的《国家在危机中：教育改革势在必行》。随后，又经过很多专家学者若干次较充分的研讨，相继发布三大师范教育深入改革的著名报告——卡内基工作小组报告《国家为培养 21 世纪的教师做准备》（1986）、霍姆斯小组报告《明天的教师》（1986）、美国教育改革中心发表 37 位著名教育家签署的宣言《国家仍在危机中》，将本次改革运动推向高潮。应该说，以上"三大报告"使美国联邦政府以及地方政府受到极大启发，后续相关改革对全球师范教育均有借鉴。归纳美国近几十年师范教育的改革经验，主要有以下五大抓手。

一是提高"门槛"。一方面，提高新生入学"门槛"，师范专业的录取分数线过去长期低于其他专业，而近 30 多年来，许多州都提高了师范专业的录取标准；另一方面，各州都把具有硕士学位作为中小学教师入职的基本条件。

二是延长学制。以往师范院校的修业年限一般为 4 年，而现在则延长至 5 ~ 6 年。一般而言，接受基础教育师资培养的学生都需先用三年或四年修完相关普通本科专业的全部课程，然后再按个人申请，大学教育学院根据学生成绩决定是否允许其进入教育学院接受一年或二年师范教育，或接受三年师范教育，这往往取决于其主修专业。

三是多元竞争。美国师范教育没有统一的标准模式，近几十年来更是凸显了多渠道、多元化竞争的培养优势。既有私立院校，也有公立院校，还有教会主办的大学；既有只能授予学士学位的一般院校，也有可授予硕士或博士学位的研究性大学。这种开放的师范教育机制，最后均通过严格的师范类专业办学认证和教师入职证书的发放来确保质量，从而较好地满足了美国社会的不同需求。

四是改革课程。如何处理专业教育与师范教育之间的关系，历来在美国存在争论，至今还有异议。不过，当下人们在有些问题上已达成共识，笔者认为有必要在本文列专节讨论。

五是严格入职。在美国，任何人登台授课都须持有教师资格证书，否则便是犯法。教师资格证书的颁发在美国已有一百多年的历史，但20世纪80年代以来，各州为提高教师素质，均把教师资格证书制度作为一项改革内容予以强化。其基本做法是加强州政府在教师资格证书颁发中的权力，比如需达到大学5年专业教育或硕士水平，或延长教师试用期和新教师实习期等，宁缺毋滥。

（三）基础教育师资培养课程设置

课程设置是师范专业人才培养质量的核心，20世纪80年代以来，美国的探索值得重点关注。

虽然美国现行师范教育专业课程模式仍按通识教育类、专业技能类和教育类来安排，但各自占比、排课顺序、课程设计各有千秋。主要有四种模式（见表1）。

此四种师范专业课程模式，重在强调通识教育、专业技能和教育三类课程的平衡和有机结合，在课程设置理念上没有更多新意。师范教育课程近几十年改革步子比较大的则有以下几点。

第一，通识教育和专业教育同等重要，课程设置对半安排已逐渐在美国不少高校得以实施。陶森大学教育学院是公认的美国最好的 100 个教育学院之一。该校小学教育专业课程即由通识课程和专业课程（含教育实习活动）组成。大学前两年是通识教育，后两年才是专业教育。通识和专业教育课程（含教育实习活动）学分各约占总学分的 50%，其中实习为 18 个学分，占总学分的 14.5%。该专业通识教育核心课程结构及学分分配见表 2。

陶森大学小学教育专业通识课程不仅范围广，涉及人文科学、社会科学和自然科学，体现了美国小学教师的入职需求，而且综合性较高，人文、社会和自然科学相互交融，有利于使毕业生具有基本的文化修养、伦理道德、探索精神和解决问题的能力。

第二，课程设计学术性与师范性高度融合，已发展成为美国一些高校师范教育改革的新亮点。

师范专业传统的三类课程在当下美国高校相互融合的趋势，不仅表现在通识和专业的融合，同时也表现在学科专业和教育学科之间的融合，并朝着真正意义上的师范专业化方向发展。这种变化，主要源于 20 世纪 80 年代之后认知科学主义的影响。学者们不再以学科为中心构建师范教育的理论和实践，而是从师范教育知识和认知出发探寻各类课程融合的可能性。李·舒尔曼还于 1986 提出"学科教学知识"（Pedagogical Content Knowledge）的概念，重在强调转化，即学科专业知识怎样转化为能进行教与学的

表 1　美国现行师范教育专业课程模式

模式	课程	第 Ⅰ 学年	第 Ⅱ 学年	第 Ⅲ 学年	第 Ⅳ 学年	第 Ⅴ 学年	总计
1	通/专/教	90%/0/10%	15%/70%/15%	0/25%/75%	0/15%/85%	0/0/0	25%/25%/50%
2	通/专/教	100%/0/0	75%/15%/10%/	0/25%/75%	0/25%/75%	0/0/0	33.3%/33.3%/33.3%
3	通/专/教	90%/10%/0	75%/25%/0	10%/90%/0	0/100%/0	0/0/100%	35%/45%/20%
4	通/专/教	65%/25%/10%	40%/45%/15%	30%/50%/20%	15%/55%/30%	5%/25%/70%	30%/40%/30%

注：美国师范教育采取开放策略，各高校在排课中教育类、专业技能类课程所占比例大多不同。通识教育类、

资料来源：赵萱《发达国家教师教育课程设置研究》，《教育理论与实践》2014 年第 5 期。

表 2　陶森大学小学教育专业通识核心课程结构及学分分配

通识教育核心课程（45 学分）	
通识教育基础课程（13 学分）	学术研讨入门，3 学分；英语写作，3 学分；数学概念和结构 Ⅱ，4 学分；艺术创新课程，3 学分
通识教育认识方法课程（14 学分）	艺术和人文课程，3 学分；心理学概论，3 学分；生物学原理，4 学分；物理科学，4 学分
通识教育写作课程（3 学分）	3 学分
通识教育学科视野（15 学分）	教育历史和当代观点：美国城市学校，3 学分；教育：多元社会的教学与学习，3 学分；内战之前美国历史或内战以来美国历史，3 学分；教育，道德和变革，3 学分；地理（世界区域地理、国际事务地理、人文地理概论三选一），3 学分

资料来源：刘捷《美国教师教育专业课程的新进展——以美国陶森大学教师教育课程设置为例》，《教育科学研究》2017 年第 10 期。

知识，怎样统一到师范教育专业化这个口径上来。因此，举办师范专业过去一直存在的"学术性"与"师范性"矛盾也相应得到缓解。

三 基础教育师资管理

（一）任职资格

早在 1825 年，俄亥俄州即建立起美国最早的教师资格认证制度。随后，各州纷纷仿效。到内战时期，许多州都有了官方颁发的教师资格证书。美国师范教育差不多是和教师资格认证制度同时发展起来的，各州均实行教师资格证书制度。[①] 一般而言，最初获取教师资格证书的要求是，受过四年或以上大学本科师范教育并取得学士学位，就有资格申请教师资格证书，取证相对较容易。

随着 20 世纪 80 年代教育改革运动的兴起和深入，卡内基报告《国家为培养 21 世纪的教师做准备》明确指出，必须"彻底地、全面地检讨自己的师资聘用、培训和工资等方面的现行方法"。霍姆斯报告《明天的教师》对基础教育师资培训、聘用、考核等也提出了具体改革建议。于是，教师资格证书制度改革成为必然：一是提高申领教师资格证书的学历层次，许多综合大学建立了教育研究生院，着力培养高层次的专业人才；二是 1987 年 5 月正式成

---

① 参见陈振华《美国教师资格证书制度透视》，《高等师范教育研究》1996 年第 2 期。

立全国教师资格评审委员会，加强评审；三是废除教师资格证书终身制，教师所持教师资格证书需反复认证，不断更新。

（二）聘用

符合教师应聘基本条件并取得教师资格证书不一定就可以上岗任教，还得等待机会受聘。即使有机会受聘，通常也要经过一年的试教，经学区和校方评定合格后才能成为正式教师。教师聘用合同由学区教师工会及教育部门同受聘者签订。20 世纪 80 年代早期，各州大都实行教师终身制。申请入职者经考核入职后，三年教学实践合格，即被正式聘用，成为终身教师。学校一般不随意解聘，除非其犯罪或行为不良。20 世纪 80 年代后期，实行教师终身制受到社会批评，各州不得不进行改革。例如加利福尼亚州规定，每隔 5 年需重新审核换发教师资格证书，规定教师 5 年内至少要完成 150 小时的业务进修；马里兰州规定，成为"终身教师"后每 5 年还需进修 6 学分（不一定是正规课程），否则取消"终身教师"资格。

（三）工资待遇

教师工资待遇，全国没有统一标准，各州情况不一。总体而言，教师职业在美国具有较高社会地位，很受人尊重，工资待遇一般处于中等偏上水平。确定教师收入高低的主要依据是学历、学位、教龄、进修学分、物价上涨等因素。

私立学校是收费教育，教师不一定持有教师资格证书，但必须有很过硬的学历和资历。好的私立学校不少教师还有博士学位，师生比相对较高，教学质量要好很多，教师收入一般也高于公立学校。

公立学校是免费教育，教师必须有各州颁发的教师资格证书。据美国劳工部 2016 年的数据，该年美国小学教师中线收入为 5.58 万美元，最高收入为 8.859 万美元，最低收入为 3.656 万美元；初中教师中线收入为 5.672 万美元，最高收入为 8.912 万美元，最低收入为 3.781 万美元；高中教师中线收入为 5.803 万美元，最高 10% 收入群体平均收入为 9.292 万美元，最低 10% 收入群体平均收入为 3.818 万美元。

四　基础教育师资职后培训

各州十分重视教师在职进修，培训形式灵活多样。主要包括正规课程进修和参加研讨班，还包括到其他学校访学，或约定某几天（通常称为"在职进修日"）聘请咨询专家解答具体问题，或组织教师参加专门组织的进修活动等。在职培训内容不仅针对性强，而且十分丰富。它可以是大学教育院系教授针对教师进修而开设的课程，也可以是各州、各学区主办的各类讲座和研讨班，其内容大多是广大教师关心的问题，诸如怎样给残疾儿童讲课、最新科技介绍和教学方法改革等。

教师入职后培训的机制在美国已进入一个良性循环状态。主要是因为教师工资待遇、社会地位较高，职业也稳定，政府并不需要进行什么特别的推动，教师队伍就能形成稳定的良性循环。当然，各地各校为了给每一个儿童提供更优质的教育，办出学校特色，也会采取措施督促教师进一步做好进修培训。具体有以下几项。第一，要求教师在正式聘用前必须修毕若干指定课程。有的地方政府明确规定，要成为"终身教师"就必须拿到学区所规定的学位或相当于规定学位的学历（21 个学分）。第二，补助教师在大学进修的学费。例如新泽西州一所小学规定，如果教师经校长认可到大学进修有关科目，学校每年为该教师补助 900 美元的学费。第三，对取得更高学位，或进修完一定学分，或参加其他批准的在职进修活动的教师，学校将予以加薪等。第四，教师参加专业会议由学校供给旅费，或批准教师离职休假进修等。第五，如教师热爱本职工作，工作干得好，积极进修，且取得了多个学科教师资格证书，遇到学校裁员时，就会优先留用；如需要转换工作岗位，其他学校也会优先聘用。

五　美国师范教育改革发展启示

（一）改革教师职前培养模式，加强大学与中小学以及教育行政部门的联系合作

与我国一样，美国师范教育长期以来孤立于其服务对象——中小学而存在，毕业生一旦进入工作岗位即淡化直至失去与大学指导教师及其所在院、系的联系，其在教学实践中所表现出的有用信息根本无法在大学教学中改良。

为了解决这一问题，美国近些年的大学师范教育课程设置比较流行由中小学教师、大学教师以及社区共同合作来完成。此种合作被称为"师范专业发展学校"——在有关大学内构建成的一种融教师职前培养、在职进修和师范教学改革于一体的新式学校。在这里，不仅课程设置灵活多样，而且特别注重教学的实效性。大学教师和中小学教师均是师范生的指导培养者，并有意鼓励和吸收师范生共同参与课程开发、撰写案例分析、编写教学档案等，为基础教育培养高素质的师资队伍。[1]

（二）重视通识教育，强化学科渗透，夯实教师专业发展底气

笔者认为，美国大学尤其是大学师范教育重视学生的优良品质教育是比较显著的办学特色之一。在我国，讲到大学生的优良品质教育一般都会大讲特讲"两课"或是思想政治理论教育问题，实际上它与美国通识教育相去甚远。对照陶森大学的师范专业建设，如果仅仅从课程设置而言，提高价值观教育的认识，拓宽课程设置面，加大通识教育比重，对我们应显得更加紧迫。

布朗大学西蒙子校长认为，本科教育的重点是"通识教育"。"通"，即通晓、明白，也有触类旁通之义；"识"，智也，指眼光远大，有学识、有见识。"通识教育"即对全体学生进行基础性的语言、文化、历史、艺术、科学知

---

[1] 参见刘捷《美国教师教育课程的新进展——以美国陶森大学教师教育课程设置为例》，《教育科学研究》2017 年第 10 期。

识的传授，个性品质的训练，公民意识的陶冶，以及其他一些实际能力的培养。"通识教育"犹如奠基，专业教育好似建楼；"通识教育"让人有灵魂、有眼光，专业教育使人有能力、会动手。[①] 由此可见，通识教育并不仅仅指某一两门课程，它更多的是强调一种理念、一种教学方式、一种专业发展的终身追求，因而几乎是贯穿大学所有课程的任务。

（三）严把教师资格证书颁发权，确保培养质量，提高学历层次

如前所述，美国师范专业课程设置趋向于三大类别，相对稳定，但具体设置要比我国开放灵活。第一，不同专业和不同学校完全可以根据自己的专业和办学定位确定课程，形成自身特色。第二，美国联邦政府和州政府又紧紧抓住教师资格证书的颁发权，师范专业课程设置最终必然还得指向学生能顺利获取教师资格证书。美国师范教育这种统而不死的机制已运行百余年，它虽然还在不断完善，但基本取向一直未变，工作效果不言而喻。第三，政府充分利用授予教师资格证书的权限，对不同层次的教师，提出不同的学历学位要求。因此，美国基础教育师资的学历层次目前整体上的效果比我国要高很多。当然，我国近些年来也出台了不少基础教育师资培养培训的法规文件，例如教育部 2011 年颁发的《关于大力推进教师教育课程改革的意见》、教育部 2012 年颁布的《小学教师专业标准

---

① 参见《中国大学教学》2002 年第 2 期。

（试行）》和《中学教师专业标准（试行）》、教育部 2017 年颁发的《普通高校师范类专业认证实施办法（暂行）》、教育部等五部门 2018 年颁布的《教师教育振兴行动计划（2018—2022 年）》等。但是，且不说以上文件存在相互交叉甚至抵触，更重要的是，这些文件在各地各校究竟贯彻和落实情况如何？比如，师范专业课程设置，国家已有标准，但当下我国高校未按照国家标准排课的恐怕不在少数。

（四）加大教学实践比重，突出实践教学实效

美国师范教育专业的教学实践安排目前至少是 6 个月，还有 1 年的；还有许多州或学区甚至进一步规定，大学毕业后还需到一所学校进行一年的教育实践，这一年只是准教师，一年后经专家组全面评估考核合格后，才有资格申请教师资格证书。在我国，教育部 2011 年颁发的《关于大力推进教师教育课程改革的意见》，已将教育实践延长至 18 周，值得肯定。现在的问题是，提高师范专业教学质量，不能满足于发发文件，比如怎样实施、怎样确保教学实效等，还有大量工作需要我们去做。

（五）既要突出主体，又要充分发挥师范专业人才培养的两个积极性

美国师范专业教育从相对独立或封闭逐步走向综合开放，有其自身的发展路径和美国国情。比如，美国基础教育师资长期供不应求，而地方政府又比较好地确保了教师职业的社会地位和工资待遇；同时，美国许多著名高等学

府一直拥有培养教师的好传统。我国师范教育走向开放虽然已有一段时间，但在综合大学办师范专业最初准备并不充分，如何发挥好老牌师范院校和综合大学新办师范专业的积极性值得深思。《中共中央国务院关于全面深化新时代教师队伍建设改革的意见》（新华社 2018 年 1 月 31 日电）指出："实施教师教育振兴行动计划，建立以师范院校为主体、高水平非师范院校参与的中国特色师范教育体系，推进地方政府、高等学校、中小学'三位一体'协同育人。"这个调子定得很好，关键在于要不断摸索，总结提高。

中学语文教学与研究

中国大陆中学语文教学概说[*]

大陆与台湾已暌违四十年之久，在中学语文教学上自然有很多不同之处，但由于民族、语言和文化的同根同源，毕竟也存在不少彼此可以借鉴的东西。那么，就请远在海峡彼岸的读者诸君权且将此文当作"攻玉之石"吧。

"语文" 这个名称

大陆教育界启用"语文"这个名称是在 1950 年，中央人民政府出版总署编审局在当时编写的初中语文课本《编辑大意》中说："说出来是语言，写出来是文章，文章依据语言，'语'和'文'是分不开的。语文教学应该包括听话、说话、阅读、写作四项。因此，这套课本不再用《国文》或《国语》的旧名称，改称《语文课本》。"此

---

* 该文发表于台湾《国文天地》1990 年第 5 卷第 8 期，应连文萍主编之约而撰写，收入本书时有改动。

中国大陆中学语文教学概说 · 181

后，"语文"之名一直沿用至今。

培养 "听说读写" 的语文能力

通过中学六年的语文学习，使学生能够"正确理解和运用祖国的语言文字"，是语文教学的总目标。在这个总目标下，基本任务是培养四种语文能力，要求学生"具有现代语文的阅读能力、写作能力和听说能力，具有阅读浅易文言文的能力"。简言之，即"听说读写"四种能力。同时又必须强调在语文教学中"培养学生的社会主义道德情操、健康高尚的审美观和爱国主义精神"。

选文标准与编排体例

大陆现行中学全套语文课本共十二册（初高中各六册），有课文约四百四十篇。其中初中语文每册四十篇，高中语文每册三十三篇左右。课文分讲读、课内自读、课外自读三种。讲读课文是课文的基本篇目，初中讲读课文一百一十篇，高中讲读课文八十篇。课文的各类文章也有一定比例。基本篇目中有白话文一百三十六篇，文言文五十四篇。白话文主要分为实用文章和文学作品两大类，但文学作品中的散文和小说，一部分仍编在记叙文单元里，按照记叙文要求进行教学。

每篇课文编排体例为：预习提示、课文、注释、思考和练习。每一册书又分成若干个单元，每个单元集中注解一两个问题，单元之间另夹有语文知识短文。

入选课文的标准是思想内容好、语言文字好、适合教学。试以高中第一册为例，其基本篇目为：

第一单元，议论文：《善于建设一个新世界》（《人民日报》特约评论员）、《拿来主义》（鲁迅）

第二、三单元，记叙文：《雨中登泰山》（李健吾）、《长江三峡》（刘白羽）、《纪念刘和珍君》（鲁迅）、《为了六十一个阶级兄弟》（《中国青年报》记者）

第四单元，说明文：《景泰蓝的制作》（叶圣陶）、《南州六月荔枝丹》（贾祖璋）

第五单元，散文：《荷塘月色》《绿》（朱自清）、《灯》（巴金）

第六、七、八单元，文言文：《廉颇蔺相如列传》（司马迁）、《赤壁之战》（司马光）、《游褒禅山记》（王安石）、《石钟山记》（苏轼）、《察今》（《吕氏春秋》）、《师说》（韩愈）

教学时数与教学重点

初中三个年级每周课时为六、六、六，高中三个年级为五、四、四。每学期初中约十七周，高中约十六周。据此，初中三年语文总课时为六百一十二，高中为四百一十六。课时分配的基本情况是：初中大致每两周作文一次，每次三课时；语文知识每两周一课时；讲读课文每篇二至三课时；阅读课文每篇指导自读一课时。高中也大致如此。

教学重点是，初一以培养记叙能力为主，兼及说明能力和议论能力；初二以培养说明能力为主，继续培养记叙能力，兼及议论能力；初三以培养议论能力为主，继续培养记叙能力和说明能力。高中阶段主要培养学生对文学作品的初步鉴赏能力。要求能写比较复杂的记叙、说明和议论文章，能借助工具书阅读浅易文言文。这一要求重点渗透到高中的三个年级中。

教学有法，但无定法

在教学方法方面，反对注入式，提倡启发式，注意运用多种方式引导学生积极思考，鼓励他们进行创造性思维活动，达到自觉获得知识、提高能力、发展智力的目的。就讲读课文来说，其方法有朗读指导法、编写提纲法、讲述法、复述法、谈话法、比较法、评注法、电化教学法、读读议议讲讲练练法等。教学有法，但无定法。在教学中，强调"以教师为主导，以学生为主体，以练习为主线"。

文言文教学是争论焦点

文言文教学是几十年来大陆语文教学争论的焦点之一，争论的主要问题是要不要学文言文以及教学如何安排。有两种完全对立的意见。一种意见坚持取消文言文教学，其理由是：第一，文言文教学与"三个面向"方针（面向现代化、面向世界、面向未来）相悖，拖了教育的后腿；第二，文言文是中学师生的一个沉重包袱，社会越发展，这个包袱就越重；第三，学而无用。另一种意见占大多数，主张中学要学文言文，理由是：第一，搞现代化不能割断历史，拒绝接受古代文化；第二，文言文教学与白话文教学应是相辅相成的关系；第三，有没有用不在于是文言文还是白话文，关键看是否能开发学生智力；第四，文言文凝练、优美，如一罐陈年老酒，久而不失香醇，其优点是明显的。

关于文言文教学，现在比较一致的看法是：整个中学阶段应以培养学生白话文读写能力为主，同时也必须学点文言文，继承古代文化的优良传统；不过，教材中文言文的比重要减少（现行中学课本约占四分之一），高考文言文试题也不宜太多（1988 年高考文言文试题占三十二分，全卷共一百分；1989 年高考占二十五分，全卷共一百二十分）。

教材与高考的改革

大陆中学语文教学的改革主要体现在教材改革与高考改革上。旧的教材体系，受我国传统语文教育思想的影响已渐趋僵化。它的基本特征是：文选型，三段式（记叙—说明—议论），讲读中心论。尽管几十年来中学语文教材已多次修订，但始终未能跳出上面这个框架。这种教材体系，主要弊病是不能体现出明确的教学目标，技能训练缺乏严密的计划与系统，由此导致语文教学的盲目、凌乱。这在高中阶段又更为突出。为克服这一弊病，人民教育出版社中语室于 1983 年成立了高中语文实验教材编写组，并很快编写出一套高中语文实验教材——《六年制重点中学高中语文》（试教本）共十五册，其整体结构见表 1。

表 1　《六年制重点中学高中语文》（试教本）整体结构

年级	学期	阅读教材		写作教材
		课内	课外	
高一	上	《文言读本》上册	《现代文选读》上册	《写作》第一册
	下	《文言读本》下册	《现代文选读》下册	
高二	上	《文学读本》上册	《文学作品选读》上册	《写作》第二册
	下	《文学读本》下册	《文学作品选读》下册	
高三	上	《文化读本》上册	《文化著作选读》上册	《写作》第三册
	下	《文化读本》下册	《文化著作选读》下册	

这套教材把整个阅读训练分为三个大类来集中编排，改变了过去混合编排和混合教学的办法，每个年级也有了明确的重点：高一着重培养文言理解能力，高二着重培养文学鉴赏能力，高三着重培养文化科学著作的研读能力，自然形成一个阅读能力培养的系列（认读能力→理解能力→鉴赏能力→研读能力）。同时，又将写作训练进行统一计划，一年一册。第一册重在书信、思想评论的训练，第二册重在通讯、文艺评论的训练，第三册重在科学小论文的训练和综合训练。这套教材从 1985 年秋开始在二十七个省、区、市的一百多所学校试用，从试用反馈的信息看，效果还不错。

关于高考，除"文革"十年以外，20 世纪 50 年代以来基本上是实行全国统考，"一考定终身"，且试题评分又带有主观随意性。针对这一问题，近年来的高考做了一些改革：一是加强了标准化考试的研究，高考试题多采用客观性题型；二是逐步取消"一考定终身"的全国统考，走高中会考加推荐的路子，目前已开始部分实行。

以上，我对大陆中学语文教学的几个基本侧面做了一个简括的介绍。我希望，大陆与台湾能够共同携手来研究中学语文教学，那种企图以自己存在的方式去约束别人的做法是幼稚可笑的。让我们发扬传统，推陈出新，使语文教学尽快走向我们所期望的新岸。

（编后附记：本文撰写目的在于真实地向台湾读者介绍大陆中学语文教学现况，以期促进两岸基础教育的相互交流。文中不少表述重在"一个中国"的认同，当时能在台湾期刊发表，也可从侧面见出两岸广大人民的心声）

中学生作文指导问答*

一　应试作文如何猜题押宝？

我们提出这个问题，一般人可能感到十分惊讶。因为自改写、缩写、扩写等材料作文的试题形式出来之后，人们已逐渐淡化对猜题押宝的兴趣。与此同时，命题作文也不再像过去那样与时事政治挂起钩来，这样，猜题押宝似乎就更没有意义了。何况，近些年来，还有不少人在报刊上发表文章抨击猜题押宝，好像它与应试作文是完全格格不入的死对头。我们觉得，问题并不如此简单。

还是先说几个得力于猜题押宝的事例吧。

1977 年恢复高考后，笔者参加了湖南的考试。不瞒大

＊　本问答部分文章曾在《中国青年报》1985 年 7 月、10 月、11 月、12 月连载多篇，反响十分热烈；后应漓江出版社之约，以该组文章为主线再由笔者主编《应试作文大开窍》，于 1993 年 3 月在该社出版，发行数万册。现选择其中 17 篇收入本著，以飨读者，文章基本保持原文原样。

188 · 新时代师范教育门外谈

家说，当时我们的确花了一部分精力去分析、研究、揣摩作文考试的体裁和命题范围。根据当时的形势，老师有意识地为我们出了一道高考模拟题《当我望着华主席像》（当时在一些公共场合都挂华国锋同志的像），而且我们都写了一遍，老师还予以讲评。结果，湖南当年的作文试题恰好是《心中有话向党说》。表面看来，两者好像没有什么相同之处，但实质上基本一致。可以说，是猜题押宝帮了我们的忙。

或许有人说，你那是什么时候，不过是试题与政治联系太紧而被猜中。那么，我们再看一个稍后的例子。

1990 年中考，山东某中学事先也为学生准备了几道模拟题，其中有一道是《在学习雷锋的日子里》，结果实在凑巧，山东那年中考作文题与此一模一样，硬是给押中了。更为凑巧的是，那年中考各省市的作文题与此类似的还可数出几例，如湖南的《伸出友谊的手》、上海的《在×××的影响下》、四川的《雷锋就在我们身边》等。从1990 年的政治形势看，当年学雷锋并不是一个被普遍关注的社会热点问题。

自材料作文的形式出来后，我们虽然很少听说将这类试题完全押中的例子，但如果仅从试题的内容范围来看，押中的也时有耳闻。1980 年高考作文《读〈画蛋〉有感》，上海不少中学是完全押中了的。1989 年高考，作文体裁是书信，内容是帮助一位想学历史的朋友消除困惑和苦恼，因为他父母认为学历史"出路"窄，要他学理科。这样的内容，就笔者所知，也曾为好几所中学所猜中，曾写过

《学文科没有出息吗？》之类的作文。

因猜题押宝而取得成功的事例不必多举。我们觉得，从实际情况来看，猜与不猜是不一样的。猜中了，该我们走运；未猜中，就只当没有猜而从头开始，并没有什么害处。

应试作文应如何猜题押宝呢？就我们的经验，有两种猜法。

一是猜文体。中学生的应试文体有十余种，而这么多文体我们是难以全部精通的。所以说，平时在搞好全面复习的情况下，临考前重点突击一两种文体很有必要。如何确定这一两种？这就看我们的运气了。不过，就记叙文、议论文、说明文和应用文这几种常见文体来说，中考与高考各有侧重，其出现的频率比例依次是：中考为7：2：1：4（应用文常作为小作文出现），高考为3：7：2：2（记叙文与说明文常作为小作文出现）。

二是猜作文的题材范围。过去谈猜题押宝，通常是猜试题本身，但随近些年试题防范性的加强，猜试题本身已越来越难。然而，想猜中作文的题材范围还是可以的。

猜作文的题材范围，我们应抓住两个基本点。第一，一般不会超过中学生的阅历范围。在平常训练中，取材范围大致可以"我"（中学生自身）为起点，逐层向前向深推进。包括"我"→"我和家庭"→"我和学校"→"我和社会"等几个层面，而在此范围内有关"我""家庭""学校""社会"的所有点点滴滴、方方面面，都是我们应当细心搜集与准备的，特别是有关"家庭"与"学校"

方面的内容。第二，应对当年的社会"热点"问题掌握一定的材料。尽管试题现在一般都不与当年的政治形势挂钩，但无论如何，我们在写作时总需要联系现实，体现出一定的时代精神。这一点，恐怕谁也无可怀疑。比如1988年高考作文《习惯》，这个试题本身并没有什么政治含义，但我们联想到当时的改革困难重重，正与人们的"习惯"有关，如果我们事先掌握了这方面的生动的材料，那这篇文章也就不难写了。

从这个意义上讲，我们要猜题押宝，在很大程度上是指猜试题的题材范围。考前我们如果对试题的题材范围有一个"小九九"，到时就会得心应手得多。

最后，我们还要郑重声明的是，猜题押宝不可能是应试作文的法宝。它不过是有可能为我们提供某种机遇，始终只是应试前迎接机遇的一种重点准备与选择，这正如短跑名将起跑时不必听到枪响而完全凭着一种特殊的感觉去押宝一样。所以，关键在于平时的素质训练，那种不顾素质训练而一味将希望寄予猜题押宝的人是愚蠢可笑的。

二　如何消除应试作文的"考场病"？

历年的中考、高考都会碰到这种情况：某些平时写作能力强的学生没有发挥应有的水平，有些中上或中等的学生却超水平发挥，爆出"冷门"。究其缘由，可能是多方面的，但在很多情况下与"考场病"有关。

"考场病"在应试作文中是常见的病例，它的基本特征是惊慌怯场，过度紧张，思绪不定。其表现是：当考生碰到较陌生的作文题时，立即会感到大失所望，脑子里一片空白，许久难写一个字；碰到较容易的作文题，马上又会感到各种材料纷至沓来，于是匆匆落笔，结果或构思草率，或离题甚远，大出自己所料。如何才能克服或消除这种长期困扰我们的"考场病"？这里给大家开出如下"偏方"。

第一，生理调节法。要消除"考场病"，实质上是要防止惊慌紧张心理，而惊慌紧张心理是由情绪过分激动而在大脑皮层中形成优势兴奋中心造成的。同样，我们也可利用这一原理，用生理学的方法去转移这种情绪优势兴奋，从而消除"考场病"。具体做法有多种。如默念"人体有自我调节系统，我能够控制自己"，这样，精神就会慢慢放松下来；也可伏在课桌上休息一会儿，不考虑答卷的事，让头脑安静一下，转移兴奋点，克服紧张状态；还可做深呼吸，闭目片刻，默念数数等，都可收到转移注意力、克服紧张情绪的效果。

第二，甩掉包袱法。不论作文题易与难，有些考生都会产生惊慌紧张心理，这主要与这些考生背有严重的思想包袱有关。比如有的考生可能多次失利，因而一上考场就会产生畏难紧张情绪，加上害怕再次失利而没有脸面见人，更是心慌意乱。有的考生则未能正确理解升学，甚至把升学看成人生的唯一理想之路，来自农村的考生更是如此，要"跳出农门"，就非得考上，思想压力相当大。显然，在以上心理状态下去应试，是不能写出高质量的作文的，必须甩掉包袱，轻装上阵。在临考前，可以反复自我宽慰：自己的水平如果达到分数线以上，自然会考上，如果未达到，再紧张也是没有用的，紧张有百害而无一益，倒不如放松一些；考上的毕竟只有一部分，考不上的也有很多条路可以走；如果自己有实力而未能发挥出来，那才是最遗憾的事。如此宽慰一番，自然会轻松一些。

第三，自信取胜法。树立自信心，这对于不少考生来说可能十分重要。自信心不足，即使是一个很好做的题目也会感到心慌意乱，结果败下阵来，这已不是罕见的个别例子了。要树立自信心，应明确如下几点。一是人的智力并没有太大的差别，要相信别人能上"我"也是可以上的，自甘落后只能永远与无能为伍。二是应试作文并不难，要确实懂得"万变不离其宗"的道理。作文考试就那几种文体，题目虽然千变万化，要求却总是那么几条。三是准备充分是树立自信心的基础。没有准备而盲目自信是愚蠢的，只有充分准备加上坚强的自信才能沉着应战，不惊不乱，取得胜利。

第四，抑制骄躁法。见熟而骄，遇生则躁，这是"考场病"的又一病根，必须加以抑制。见熟而骄，就是拿到较容易或熟悉的作文题后，往往沾沾自喜，不假思索，照搬老的内容，这样反而不易写好。如 1992 年吉林省中考作文题《快乐的星期天》，这个题目对很多考生来说并不陌生，但考试结果大大出人所料，得分普遍不高。其中原因，多半是吃了见熟而骄的亏。一见试题似乎相识，便疏忽大意，而且从审题就开始了。有的学校让学生写过《难忘的星期天》，但它与考题是有一些区别的，如不细察就可能离题。

遇生则躁，就是碰到较难写或生疏的作文题后，往往急躁不安，思绪混乱，最后仓促而就。实际上，熟与生本来就是相对的，任何"生题"转眼就会成似曾相识的熟题，有什么可急躁的呢？严格来讲，要写好每一篇作文，都应把题目当作生题，从头开始，按程序进行，这样写作才可能有新意。任何作文试题，不管熟也好，生也好，总有其各自的特定要求，而这些要求总超不出平时的教学范围，只要我们认真审题，开通思路，也便无所谓生熟了。

三　怎样尽快弄清命题作文的题意？

在应试作文中，尽快弄清题意，是完成命题作文关键性的一步。如果题意领会错了，就会离题，甚至文不对题。文不对题，是作文的第一大忌。

拿到作文题后，一般要从以下三个方面审题。

第一，弄清文章体裁。

一般来说，凡文题中涉及时间、地点、人物、事件（原因、经过、结果）等内容的，就是要求写记叙文。如《国庆记事》《高考前夕》《可爱的故乡》《童年趣事》等。议论文总离不开讲道理，所以题目中常有"谈""说""评论""议""读后""启示""有感""观后""商榷""之我见"一类的字样，如果题目中出现"驳""斥""批""揭"一类词语或题目以反问句形式出现，一般要求写成驳论性的议论文。说明文的题目中常有"介绍"

"使用""构造""形成""维修""安装"等字样。从中考和高考的实际来看，要求写什么文体一般都会明确标明，但知道一点题目与文体的联系也很有必要。

第二，弄清写作范围。

写作范围指选材范围。记叙文要弄清以记人为主、记事为主，还是以写景为主；记什么人，写什么事，描写什么景物；是现在发生的事，还是过去发生的事；用什么人称写作；等等。如《校园新风》，写的是校园的新人新事，以写现在为主，写过去是为了对比、衬托，用第一人称写。如果是议论文，要弄清论述的范围，以便组织论据进行论证。如果是说明文，要弄清说明事物还是说明事理，怎样抓住事物的特征、事理的要点进行介绍、说明。

第三，弄清写作重点。

文体范围确定之后，还要注意确定写作的重点，这是审题的难点，考生往往容易在这里出问题。要真正弄清写作的重点，一般采取的方法是从题目的关键词语和文字结构进行分析。

如《改革开放中的一曲凯歌》，关键词是"凯歌"，附加部分是"改革开放中""一曲"。通常来说，凡以偏正词组为题的，其写作重点都在中心词上。若题目是一个完整的句子，重点通常在谓语上。如《他帮助了我》，重点是要写好"帮助"，要写出他帮助了我什么、如何帮助的。如果题目是一个词，要注意是否为简缩、省略所致。先把省略的地方补上去，然后再进行分析。如《榜样》省略了"我的""我们的""青年人的"。也有一些独词题可能语义双关，尤其要慎重推敲。因为标题本身既没有提示中心，也没有揭示文体，更难看出题材范围，这就要求我们自己裁定。如《路》，既可指具体道路，也可以指人生之路、社会发展之路等，就要从象征、引申的意义上去发挥。至于体裁，可以写抒情散文、记叙文、杂文等。

四　怎样开通写作的思路?

初学写作的人，常常会出现作文思路堵塞的现象，他们羡慕别人文思敏捷，提起笔就好像滔滔汩汩有写不完的东西。其实，一个人的文思敏捷，并不是天生就如此，而是通过后天努力培养的。

思路，就是写文章时的思考路线。任何人写文章，都要按照一定的思路来组织材料，但作者的思路并不是凭空产生的，而是以丰富的生活材料为基础的。比如要写某个先进人物，如果你对这个人物十分熟悉，掌握了不少好的典型材料，写起来就会感到得心应手。先写什么、后写什么，哪些详写、哪些略写，到哪里转个弯、到哪里结束，一步一步写下去，思路很快就会打开。反过来，你如果对这个人缺乏了解，甚至很不熟悉，自然也就无法开启写作思路。秦牧的散文《土地》，从我们常见的"土地"入手，展开丰富的想象，写得纵横跌宕，摇曳多姿。其思路的开阔活跃，不正与作者对"土地"的深刻理解相一致吗?

要想使写作思路畅通无阻，首先就得极大地丰富我们的材料"仓库"，包括人物、事件、器物、事理等，注意从生活中和书本中搜寻、积累写作的材料。同时，当然还要掌握一定的开通思路的方法。有时作文的思路阻塞，不一定就是我们的材料积累贫乏到如此可怜的地步，而是我们平时缺乏思维能力的训练，不善于开通思路。那么，怎样打开我们的写作思路呢？

一是联翩思考。就是指围绕标题所提示的内容，对与它有关的材料进行广泛思考、收集的方法。例如，针对《路》这个题目，我们可以想到公路、铁路、农村的土路、城市的柏油路、历史的路、未来的路……就这样围绕问题广泛地想下去，越广泛越好。其中有些材料看起来可能是微不足道的，但一旦确定好写作的角度，就会变得非常重要。因此，进行联翩思考切忌带框子，不要先入为主，要锐意穷搜，把一切想到的都写出来，最后通过反复比较决定取舍，这样才有可能发现写作的新意，开启写作思路。

二是挖掘思考。宋代有个小姑娘咏铜钱的故事。传说当时毗陵有个秀才，其女才十六岁，能读会写，远近闻名。一次，有人拾到一个破铜钱，上面有"开元"（唐玄宗年号）二字依稀可认。一些人便拿着这铜钱要那位姑娘写诗，想试试她的才华。就这么个破铜钱，有什么可写的呢？想不到小姑娘接过铜钱，过了一会儿，竟写出了这样一首好诗："半轮残月掩尘埃，依稀犹有开元字。想得清光未破时，买尽人间不平事。"前两句写破铜钱的形状，后两句由铜钱生发开去：钱啊，在那时真是威力无穷，它可使一切黑的变成白的、丑的变为俊的，买尽人间的不平事。很明显，小姑娘这里咏的虽是一个平常的破铜钱，却进行了有效的挖掘思考，由此及彼，由表及里，以一个破铜钱揭示了黑暗社会金钱万能的本质，写得入木三分。

三是变形思考。我们平常写作文往往卡死在一点上不转弯，这是极不利于开通思路的。当你发现沿着某个思路想下去会感到"山穷水尽"时，不妨把问题稍稍变化一下，从另外的途径去思考，就很可能得到新的触发，这就是"变形思考"。比如要写一篇题为《落花》的咏物散文，你可能首先想到"流水落花春去也"一类的诗句，按照这样的路子想下去，就会平庸浅俗，越想越烦，若变换一下思考路径会如何呢？有篇散文《落花枝头》，正是较好地运用了"变形思考"：在落花面前，作者围绕"落花正是新生的标志，实在值得大书特书"的立意，高声歌唱"请明年再到枝头上看吧，那满树的繁花硕果就是答案"。这样的文章，反其意而用之，构思就比较新颖。当然，变形思考并不都要反其意而用之，强调的是转换思考的角度，比如将抽象的事物转换为具体的特殊的事物来思考，从大问题转换为小问题来思考等，这些我们就不细谈了。

五 怎样"自拟题目"？

不论是平常作文还是应试作文，常要求作者"自拟题目"。如果文章内容写得不错，但未能拟定一个漂亮的题目，那的确是一件十分可惜的事情。要知道，文不对题，题不括文，是所有写作毛病中的致命问题。

要求自拟题目，往往是在写材料作文时出现的一种情况。在这种情况下自拟题目，我们应当从两个大的方面来考虑。

第一，注意领会材料内容，力求从中找到一个新颖别致的角度。

文章自然要表现一个主题，而题目则是主题的集中反映，或是直接的，或是间接的。那么，主题又是怎么来的呢？寻根究底，就材料作文而言，它是作者通过阅读分析所给予的材料而提炼出来的。所以，这三者之间的联系是：材料→主题→题目。所以，要拟好一个文题，首先是要吃透提供的材料。

我们知道，同样一个材料，可以从不同的角度去理解，从而也就会得出不同的主题和不同的题目。举个例子：

> 南朝名医陶弘景认为巴豆性最泻。明朝的李时珍，经过反复试验，发现巴豆只要用量适度，不但不会引起腹泻，而且可以治疗慢性腹泻，只有大剂量才会造成腹泻。

这则材料，我们可从以下四种不同的角度来思考。

从顺向思维的角度，就会自然想到李时珍之所以能纠正陶弘景的论断，正在于李氏的"反复试验"。由此，我们即可确立所写文章的主题：通过李时珍获得对巴豆新看法的事例以及大量类似的例子，阐明实践是检验真理的唯一标准。文题可以定为《实践出真知》。

从纵向思维的角度，即顺着上面的思路再往纵深思索，又会想到李时珍如果迷信书本、迷信名人、迷信权威，就会墨守成规，无所创造。这样，要写的文章主题也就出来了。题目便可定为《破除迷信、大胆创新》。

从逆向思维的角度，我们还可得出这样的命题——"假如没有陶弘景的最初发现"；从横向思维的角度，则又可提出另一命题："人参对人体最补吗？"

由此可见，要拟出一个有特色的题目，需要我们对材料有足够的理解。或者说，要看我们能否从不同的角度去认识材料。选择的角度好，主题就会有特色，题目自然也会不一般。

第二，反复推敲题目，力求做到恰切、简洁和新颖。

找到了好的角度，有了好的主题，不等于就有了好的题目。究竟什么样的题目是好的呢？具体说有三点要求。

一是要恰切。所谓恰切，一方面，指拟定的题目符合文章的内容，紧扣文章的主题，真正使题目成为文章内容的"眼睛"；另一方面，指题目符合文体特点，恰如其分。

二是要简洁。这是指文题用词简练，富于概括性。如鲁迅先生的《药》《狗·猫·鼠》，朱自清先生的《背影》，杨朔的《荔枝蜜》等，都是言简意赅、寓意深刻的好题目。

三是要新颖。我们要求文章内容新颖，首先要从题目表现出来。新颖的题目能引人入胜，往往使人产生新奇感或悬念。古人说："题，额也。"这就是说，题是额头。目则是眼睛。人的额头和眼睛，处在最显眼的位置，所以我国古人对题目的要求是醒目显眼。而题目只有做到新颖，才能做到醒目显眼。

六　怎样"自选角度"？

在高考、中考作文中，常常看到出题者要求考生根据所提供的材料"自选角度"写成文章。"自选角度"的含义是什么？怎样"自选角度"？

这里，首先要弄清什么是"角度"。角度就是着眼点。具体地说，就是观察事物时眼光落在事物的哪一点。对一个事物或材料，可以进行多方面的观察，诸如形体、功能、性质，正面、反面、侧面。因此，着眼点就有多个。所谓"自选角度"，就是自选着眼点。当然，如果我们面对的是一段文字材料而不是一个可以感触的生活中的事物，那么"自选角度"也就是自己选择一条思路进行构思。

一般来讲，试题要我们"自选角度"，也就说明材料中可供选择的角度（或思路）不止一个。古诗句"横看成岭侧成峰，远近高低各不同"，可以说正是对这一现象的揭示。但不论站在什么角度来观察，写作中的思维角度总表现为顺向、逆向、纵向和横向四个主要方面（见图1）。

为了进一步说明问题，我们来举一个例子。先看下面

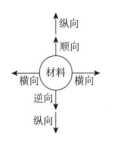

图1 写作中的思维角度

一则材料："齐宣王使人吹竽，必三百人。南郭处士请为王吹竽，宣王说之，廪食以数百人。宣王死，湣王立，好一一听之，处士逃。"如果就这一则材料写一篇议论文，就可从不同角度来思考。

顺向思维，也就是顺着材料本身的意思往下思考，便可得到这样一些观点：

$$顺向思维 \begin{cases} 滥竽充数要不得 \\ 冒牌音乐家的可耻下场 \\ 钻空子不道德 \\ 弄虚作假的南郭先生 \end{cases}$$

纵向思维，则是顺着材料本身的意思向更深的层次思考，又可得到这样一些观点：

$$纵向思维 \begin{cases} 不懂不要装懂 \\ 弄虚作假只能骗人于一时 \\ 要老老实实地做人 \\ 钻空子之流者戒 \end{cases}$$

逆向思维，则是从材料本意中受到启发，反其意而行之，与顺向思维恰恰相反。可有如下观点：

逆向思维 {
假如南郭先生后来学会了吹竽
南郭先生溜走是聪明的
人贵有自知之明
不能完全归咎于南郭先生
齐宣王应负失察之责
齐湣王高明在哪里
"滥竽充数"新解
}

这一思维角度因为是背其材料本意，反其意而用之，故运用得好，往往能给人耳目一新之感。

横向思维，是由材料本意而联想到类似的其他事物，做横向比较，从而得出种种观点的一种思维方式。依此可得如下观点：

横向思维 {
官僚主义可以休矣
听其言要观其行
齐宣王听竽给我们的启示
改革"大锅饭"势在必行
劝君莫学齐宣王
必须改革用人制度
}

可以说，试题要求"自选角度"，一般都是因为材料的可容性比较大，是完全可以从不同的方面或角度去思考的。其思考规律，也不外乎以上四个方面。当我们碰到这类试题时，切忌轻易下笔，应当先选择一个最佳的角度来构思。所谓"最佳"，当然是相对每个考生而言的，标准是：是否新颖？是否深刻？是否单一集中？是不是自己最熟悉、最有话可说的？

七 如何编写应试作文的提纲?

应试作文不可能有打草稿的时间,加上考生本来心情就很紧张,因而常常会出现写了前段不知后段该写什么,或者觉得后段和前段内容有矛盾,不得不赶快涂掉重写的情况。于是心情就更紧张了,越紧张越写不出,越写不出越紧张,结果草草完卷,连平时一半的作文水平也没有发挥出来。要解决这个问题,只有借助编写作提纲。

编写作提纲就是在写文章之前先搭个架子,把要用的材料排排队,把审题、立意、构思所落实下来的东西用文字条列出来。它的基本作用有三点:一是梳理思路,把模糊的、笼统的想法明确化;二是有了文章构造的骨架,先与后、详与略、照与应、分与合等问题都会心中有数,从而就能使写作有条不紊地进行;三是不仅可以起到打草稿的作用,而且比打草稿节约时间。因此,这是应试作文不可缺少的环节。

应试作文的写作提纲与平时写文章所编的提纲有很大区别,这就是前者要比后者简略得多,有时甚至简单到只有作者本人才能看懂的地步。编写应试作文写作提纲的基本原则是:体现作者思路和文章框架,有利于在短时间内完成写作。

例如,有这样一个提纲:

(1)座右铭,本质,"棺材",与外国人交往,批

判之必要

（2）三种表现，变种

（3）小则害己，大则误国

（4）英雄如何对待：文、瞿、刘，汗颜，当时巴即批，不齿

（5）尊重自己人格

光看以上这几条，简直就是"有字天书"，无法看懂。然而，把这个提纲与后面的文章对照，就足以显示其提纲的简洁、实用。为便于说明问题，现将这篇短文抄录如下：

"人生就是一场交易"论可以休矣

"人生就是一场交易"，这是巴尔扎克笔下的守财奴老葛朗台的座右铭（提纲第一条——引者注，下同）。为了钱，什么夫妻之爱、父女之情、宗教信仰，他可以全然不顾。这句话不仅赤裸裸地暴露出他的丑恶灵魂，也反映出资本主义社会人与人关系的本质（提纲第一条）。遗憾的是，这种一切以金钱为转移的利己主义世界观，并未因旧社会的灭亡而装进"棺材"（提纲第一条）。经过十年动乱，加以现在与外国交往较多（提纲第一条），这种思想正在我们周围散发着铜臭气，腐蚀着人们的灵魂，破坏着四化建设大业。因此，在大力进行精神文明建设的当今，实有批判之必要（提纲第一条）。

当然，在我们这个共产党领导的国家里，公开鼓

吹"人生就是一场交易"的人并不多见，但在实际上把它奉为生活信条的不乏其人。君不见，有些人身为领导，满口马列却干着假公济私、损公肥私的勾当。手中权力便是他们牟取私利的资本。有些人虽无官职，却有权力，即使是卖鱼卖肉也自有后门可开，"与人方便"是为了"与己方便"。另有一些人既非官又无权，却也有向党向人民讨价还价的资本：钱多多干，钱少少干，没钱不干，反正有的是大锅饭（提纲第二条"三种表现"）。诸如此类，不胜枚举。那种"有便宜不占是王八蛋"以及"向百家姓老二看齐"之类的高论，正是"人生就是一场交易"论的变种（提纲第二条）。

这些思想作风，小则害己，大则误国（提纲第三条），非群起而讨伐之不可。试想，假若人们都"以我为圆心，以钱为半径"，人与人之间哪里还有团结互助友爱可言？社会主义的四个现代化岂不成了一纸空文？一个处处只想"捞"别人好处、占公家便宜的人，势必与周围发生矛盾，违法乱纪，由此发展下去，难免走上犯罪道路。

人生不是一场交易。但是古往今来不少人在一生中确实碰到过一些"交易"。文天祥不为元军所给的高官厚禄所动，以身殉国，实践了"人生自古谁无死，留取丹心照汗青"的誓言；瞿秋白视国民党提出的交换条件如粪土，高唱《国际歌》，慷慨饮弹；刘胡兰在死亡面前坚决不以党的机密做交易，凛然走向铡刀……（提纲第四条）面对这些英雄人物，那些心目中有"交易"的人，不知是否汗颜（提纲第四条）？须知，一百多年前巴尔扎克写《欧也妮·葛朗台》时，就无情地嘲弄和鞭挞了那种丑恶思想（提纲第四条）；即使在资本主义社会，那种只认金钱，把一切看作交易的思想，也为正直人所不齿（提纲第四条），何况在20世纪80年代的社会主义中国！

持"人生就是一场交易"论者可以休矣，如果你还尊重自己人格（第五条）的话，更不用说爱国家、爱民族、爱共产党了。

把文章与前面的提纲相对照，我们不难发现，这种提纲就是文章思路的基本体现，作者完全是按照这个思路来行文的。

当然，即使是一个相当简略的写作提纲，也不是一下子就可以编好的，一般都要分为两步来编。第一步，按照文章题旨把能够表现中心思想的观点与材料列出来，其中有些可能不精确，也有些可能与题旨关系不太紧密；第二步，将第一步列出的内容加以整理，使之成为能够按顺序贯穿全文的思路线索，这里有可能将原有的顺序颠倒过来，也有可能做较大的删减。显然，编写提纲的两步过程，实际上也就是作者在心里构思、起草、修改的过程。

在编写应试作文提纲的实践中，除了上面提到的按照文章内容顺序编写思路提纲以外，还可以按照文章的结构框架来编写。编写结构提纲，应突出表现文体的特点。如记叙文可以按时间、空间的顺序或事件发展的过程来编写；议论文一般应从论点、论据、结论等几个方面来编写；说明文则要依照说明对象本身的特点来编写，或由上而下，或由外到内，或由远到近，或由全体到部分。

总之，不管思路提纲还是结构提纲，都要求做到条理清楚、简明扼要。有了好的提纲，心中就有了数儿，写起文章来，就会得心应手。

八 写文章如何"联系实际"？

在应试作文的评分标准中，几乎无一例外地都有这样的要求：考生的文章内容必须联系实际。只有"联系实际"具体恰当的作文，才有可能取得好的成绩。

每年的高考、中考作文题各不一样，其评分标准中为什么都有此项要求？这值得我们认真思考。实际上，写文章要联系实际与我国传统写作学中"为世用"的观点相一致，也就是白居易提出的文章要"合为时而著"。试想，如果我们的文章言之无物，空话连篇，这样的文章又有什么意义？因此，文章要联系实际、有的放矢，这由文章的社会功能所决定，绝不能等闲视之。

写文章究竟如何联系实际呢？

首先，联系实际就是加强主题思想的针对性，一定要联系思想和生活中存在的某种实际问题。这样，文章才能有的放矢，才能写得具体充实，从而也就能给人以启示和教育。比如《破除迷信、敢于创新》这个题目，写作时当然可以举出很多敢于打破陈规创新的事例，从而证明我们完全不必迷信书本、迷信权威，要敢于创新的论点的正确性。但是，文章仅仅停留在这里还远远不够，必须联系我国现阶段改革开放的实际进行深入分析，特别是要注意分析那些因受旧观念束缚而阻碍改革开放的种种现象，这样也就从反面论证了破除迷信、敢于创新的必要性。同时，这也才叫有感而发，而非无病呻吟。

其次，联系实际还应该找准观点和材料的"结合点"，由此及彼，过渡自然。如写《〈毁树容易种树难〉读后感》，联系"四人帮"的破坏，从而谈及"败业容易守业难"，这一联系就比较自然，但如结合我们党的发展、壮大和遭到的多次挫折，最后得出"毁易"的结论，那就失之偏颇了。

再次，联系实际还要有具体分析。一件事、一个问题，可以分析情况的因果利弊及其根源等。或由表及里，逐层深入；或由点到面，逐步扩大；要就事论理，不要就事论事；要抓住关键，重点突破，不要面面俱到，主次不分；要实事求是，一分为二，不要肯定一切或否定一切，走极端。总之，要对所联系的实际对象进行恰当中肯的议论。

最后，联系实际还得选好立论的角度，不然，联系起实际来就很可能人云亦云，毫无特色。同样的命题、同样的议论中心，各人写出来的文章不可能完全一样。这是因为各人议论的出发点不同，也就是立论的角度不同。比如同一个问题，可以从正面谈它的重要性，也可以从反面谈它的危害性；一件事，既可以纵向分析，追溯原委，也可以横向分析，估计其影响，并与其他事物相比较，揭示它的本质特点。这都是立论的角度问题。选择立论的角度，当然要考虑多种因素，但一个最为重要的因素，就是要考虑从某一角度展开议论是否有利于解决实际问题，即是否具有现实意义。

九 怎样才能使文章出新？

人们都喜欢新颖别致的东西，写文章也一样，毫无新意、人云亦云的文章，人们是不屑一顾的。如何才能使文章出新呢？我们认为，可以从以下几个方面使文章出新。

（一）反复提炼主题，立意新

好文章并不完全取决于题材的大小，只要能从中挖掘出深刻新颖的思想，就可以写成好文章。一个写作材料，往往包含多方面的意义，出于作者认识角度和感觉不同，常常可以表现出不同的立意。尤其是写读后感之类的材料作文，或是写同类题材的文章，更会如此。1981 年的高考作文题是《〈毁树容易种树难〉读后感》，如有的考生只就毁树种树本身去考虑，呼吁大家都来植树造林，绿化祖国，这就一般化了，没有新意。实际上，《〈毁树容易种树难〉读后感》这个题目，它所包含的意义很丰富，只要稍加提炼就能出新。比如可以联系事业的成功与失败来立意，也可以联系日常生活中的"毁随成思"的事例等来立意，这就有新意了，而且有一定的深度。

（二）善于运用材料，选材新

文章要新，不仅要在立意上标新立异，还要考虑选材。如《母亲的爱》这个题目，或表现真挚的母爱，或表现对祖国母亲的崇敬和感激，很难超出这两个立意的范围。怎么办呢？这就可从选材上去考虑。如果你选用的材料是新颖的，是你自己的，文章也就好像注入了新鲜的血液，显得鲜活生动了。朱自清的《背影》，是写父子之间的真挚感情的，从前也有很多人写过，但作者选取的是父亲送"我"去北京念书这个材料，其中重点描述了"车站送行"和"过铁道买桔子"这样两件小事，这就是别人未写过的。

对于初学写作者来说，写文章能够做到选材新，我觉得比做到立意新更为重要。我们有些人不懂得这一点，一写学雷锋就是捡钱包交还给失主的事，一写为四化刻苦攻关就是废寝忘食，或是走路读书碰上了电线杆，给人以似曾相识之感，这就绝不可能成为一篇好文章。

（三）精心组织文章，表现新

有些文章，立意并不见得很新，选材也没有独到之处，但它在组织结构上、语言表现上等极富有特色，因而作品仍然显得特别新鲜。比如朱自清的《春》，就立意说无非是写作者盼春的心情，以及春天到来后的喜悦，从而表现作者对未来的向往；就取材说，也不过是写春草、春花、春风、春雨等，这一切显然都是较一般化的。然而，该文在表现上却匠心独运。全篇都用少年儿童的口语来写，字里行间充溢着孩童的情趣，短短 900 来字，由于作者精心的组织，从大处着墨，运用"写意法"来揭示春天的意蕴，的确是把春天写活了。

当我们读完这篇文章，谁会因为其立意和选材较一般而感到毫无兴味呢？它之所以受到广大读者的喜爱，不正是因为它极富有特色的表现方法和方式吗？

十　如何合理利用应试作文的时间？

应试作文的最大特点是限时。要在短时间内写出高质量的文章，我们不得不考虑一下如何合理利用应试作文时间的问题。

记得有一年的高考作文是看图作文。画面上是某君挖井的故事。他东掘一个坑，西掏一个洞，虽然潺潺的水源就在他脚下，却始终没有挖成一口井。为什么呢？因为他有太多的开始和太多的放弃，却没有牢牢把握住一个开始，深深地挖掘下去。这个故事使我们很自然地想到应试作文，有些人一拿到题目，往往也和这个挖井人一样，有很多个好的设想，但刚把思路打开又忽然觉得有更好的构思，于是重新开始。如此反复几次，在一番天马行空之后，又突然感到时间已所剩无几，最后只得草草成章。这种做法，别的暂且不说，仅从时间安排来讲就最不合理。

中考、高考的应试时间贵比黄金，我们只能扮演最吝啬的商人，把每一分钟用在最有可能带来实在效益的地方。

从总体上来说，应试作文的时间占考试总时间的比例应与作文分数在该套试卷的总分中所占的比例基本一致。比如说，一张满分为一百分的语文试卷，作文占五十分，整个考试时间为两小时，那么作文的时间即该科考试时间的一半左右（一小时）。

当大块的时间划分好后，一般是先做第一部分基础知识之类的题目，然后是作文，最后是查漏补缺。

如果作文的时间是一小时，这部分时间究竟该如何分配呢？一般可分为如下三个阶段进行。

第一阶段为审题构思阶段，大约安排十五分钟左右。这一阶段对整个作文有决定性的作用，切不能因为考试时间宝贵而舍掉它，或者只花三五分钟时间就匆匆进入具体写作，这是最容易出问题的。我们常说的"结构混乱""文理不通""文不对题""偏题""走题"等毛病，往往都是因此而出现的。在这一阶段，要对题目进行认真审识，确定文章主旨，拟好写作提纲。

第二阶段为具体行文阶段。大约安排三十五分钟左右。在这个阶段，思想要高度集中，应严格按照前面的构思快速行文，不要为一些枝枝叶叶的临时闪念所左右。归纳起来，应注意这样几点。第一，开头要迅速切入正题，不要"千呼万唤始出来"，结尾也要干净利落，该断即断，来不得半点含糊。中间部分要时时注意突出主干，要把主要笔墨放在叙述中心事件上或放在表现主要论点方面。第二，要从整体考虑，不要为一两句话甚至几个字苦苦思索误了时间。鲁迅先生曾说："立定格局之后，一直写下去，不管修辞。"这于应试作文很适用。第三，篇幅一定要控制在千字左右，篇幅长了就难以在规定的考试时间里完篇。

第三阶段为检查修改阶段，大约安排十分钟左右。这一阶段也必不可少，即使最后时间已不够用，也要提前将文章草草停住后安排一定时间进行检查。因为有些错误，如病句、错别字、标点符号错用等，很容易改正过来，这些地方如扣去几分就太可惜了。

上面把应试作文分为三个阶段来安排时间，还只是一个大致的划分，具体写作时应根据应试者的不同条件（如作文基本功、书写速度等）和试题情况（如作文题的难易程度）做适当调整。在时间分配上，宁可先紧后松，不要先松后紧，前面所述挖井人似的写作错误必须避免。

十一　怎样写好"千字文"？

应试作文受到时间的限制，这样在篇幅上也只能写得短小一些。中考作文一般在 600 字左右，高考作文一般在 800 字左右。总之，一般都不超过 1000 字。如何写好短小而精彩的"千字文"，则成了应试作文迫切需要解决的问题。

"千字文"的写作，最要紧的是题目的口子要开得小。

题小而具体，文章就比较容易写得小而实在。题目宽泛，下笔势必难以把握重心，就会失于平淡散漫。如写一篇怎样学雷锋的议论文，如果以"沿着雷锋的道路前进"入题，内容太多，一篇文章容纳不了，就难写了。我们应从恰当的角度去写，例如从"立场"这个角度去写，就可以写《从雷锋手上的伤疤谈起》；从"言行"这个角度去写，就可以写《"挤"和"钻"》《螺丝钉精神赞》等；从"风格"这个角度去写，就可以写《甘当这个"傻子"》《在金钱面前》等。这些题目，所开的口子都比较小，写起来就可以言之有物、短小精悍。

从一人、一事、一物生发开去，从一滴水可以见太阳。有些材料，似乎很平常，其含义却有普遍性、典型性。应学会由一点到全局、由个别到一般的选题办法，尽可能缩小入题的口子，缩小主题的范围，把写作角度提炼得小一些，这对写好"千字文"十分重要。

写好"千字文"，还应该处理好主干与旁枝的关系。光有主干而没有旁枝，文章只能是一个空架子，但旁枝太多，不仅主干会被淹没，而且文章会被拉得很长，这是应试作文绝对不允许的。

文章不能没有旁枝，问题是在一篇"千字文"里一定要突出主干。有一篇题为《我的班主任》的作文，作者写他在中学里的学习生活，写一位可亲可敬的班主任。作者由这位中学里的班主任联想到小学时的班主任，文章转入回忆。一"忆"就是好几年，用去很多篇幅还没有转回来。像这样的写法，在旁枝上大肆铺排，文章怎么可能短呢？

有一种较普遍的现象值得我们注意。有时候我们一拿到作文题，发现其写作范围恰好是自己平时认真准备了的，要写的材料很多，思路一泻而下，样样都舍不得丢。可是只给你千字的篇幅，怎么办？只好方方面面都提上几句，似乎很全面、很周到，但这种"面面俱到"势必会冲淡主干，也是文章写作之大忌。

"千字文"的写作，还要注意语言的运用必须简约，要做到用很少的语言表现丰富的意义。从一些中学生的习作来看，我们感到这一点还未引起大家足够的重视，似乎只有主题、结构、材料等才是最要紧的，结果文章写出来往往显得空洞而冗长，看起来有一大篇文字，实际上表现出来的东西却很少。

一般地讲，中学生作文语言不简练的表现主要有以下几个方面。第一，滥用修饰形容，定语、状语一大串。比如这句话，"我好像从他身上看到了一种中华民族淳朴、热情、优良的品质"，事实上，若把"好像""一种""优良"去掉，意思会简明得多，也顺畅得多。第二，滥用介词、连词和副词等。如："他学习基础差，可是他勤奋学习，但是大家都帮助他，因此，他有了进步。"其中的"但是"就完全多余。第三，不注意句式结构，把句子写得长而杂。句式结构，是影响语言简练的一个重要因素。一般地看，句式短而整齐，文章就显得流畅、生动；长而杂乱的句子，往往显得啰唆别扭。

要写好"千字文"，还得尽量减少各种引文，非必要不引。另外，转述一件事情也要注意精简，文字尽量经济。千把字的文章如转述一件事就用去二三百字，当然不合适。

十二　应试作文的"得分意识"指的是什么？

应试作文与平常作文的不同，我们也许都能说出一些，如时间紧、不能查阅资料等，但还有一点经常被人忽视，即应试作文的读者对象是阅卷老师，而不是平常所说的一般的阅读者。应试作文的好，首先应为阅卷老师所肯定，这是我们应当注意的。

大家知道，作文的评分尽管要求客观化，但仍然难以避免阅读老师的主观性。我们所说的"得分意识"，也就是指那些容易被阅卷老师所肯定的地方要努力争取得分，而这些地方往往是不容易被阅读老师的主观性所抹杀的。有一位考生曾深有体会地说："在高考作文中，许多考生往往斟词酌句、冥思苦想，一心要创作出一篇'优秀'的作品来，其实这正是导致失败的根源。我通过高考，总结出了一条重要的经验，那就是：在考试中你必须做一名'工匠'，而不是'艺术家'，关键是要得分！"这一体会或许有点偏颇，但值得我们深思。我们不反对考生创作出具有"艺术家"水平的作品，但也切切不能忽视在那些容易得分的地方像"工匠"那样一分一分地挣！

具体来说，以下几个方面是比较容易挣分的。

第一，作文的字迹工整。因为阅卷老师每天要看大量的试卷，对于字迹潦草的文章，他们不可能逐字逐句细细地看，而只是根据感觉来评分，这对于考生来说是很吃亏的一件事。另外，字迹清楚的文章也容易赢得阅卷老师的好的第一印象。

第二，注意行款格式的规范化，卷面也要尽可能做到整洁美观。这一点，也如同字迹一样，好比是人的脸面，一定要做到眉目清楚，合乎规范。比如，每段开始要空两格；引用别人的话要加引号；标点符号不能随心所欲地乱放，破折号、省略号要占两格，而且不能分居两行；记叙文的对话最好不要连写，即每一个人的话都要另起一行；如确需涂改，也不要把卷面弄得像个大花脸；等等。总之，要使阅卷老师在接触文章内容之前，就产生一种美的情感倾斜。

第三，重视检查修改，查漏补缺，每分必挣。在完成作文答卷之后，检查与修改是最后必须经过的一道"工序"。其中，有些问题的确是很容易避免的。比如，在应试作文的评分标准中通常有这样的要求：语句不够通顺，酌情扣4~8分；每3个错别字扣1分，扣到3分为止；标点完全不分的酌情扣分，可扣至2分；等等。这些东西，只要我们稍加留意就可以做到不扣分或少扣分。另外，在检查答好的作文考卷时，如时间许可，还可在语言润色和字句的锤炼上下些功夫。至于检查、修改后可能会影响卷面整洁的问题，我们认为正确中的乱一点总比谬误中的整洁好。

第四，内容上要尽量让阅卷老师容易接受和理解，看完后一片模糊或者说思索许久才使人略知一二的文章是不宜于应试作文的。因为阅卷的时间紧，加上数量多，阅卷老师不可能在一份试卷上花太多的时间，我们应当注意这一特点。比如说，文章层次要安排得有条不紊，文章思路要清晰可察，转折、过渡、呼应都要有明显标志；若是写议论文，论点最好摆在文章开头，应当使阅卷老师对于我们想说什么一目了然，而不能让阅卷老师去做文章分析练习题。

十三　快速作文有什么诀窍？

应试作文有时间限制，要想在短时间内完成高质量作文，并非一日之功，也并非应试时得到什么灵通，关键在于平时要做好充分准备，加上应试时沉着审慎、临战不乱，这样才有可能获得成功。如果说快速作文有什么诀窍，即在于充分准备、程序进行这两个方面。

先说说充分准备。

一是材料上的准备。俗话讲："巧妇难为无米之炊。"写文章没有材料无法动笔。然天地之大，万物之众，材料准备又从何下手？实际上这里有诀窍。许多人一味追求广闻博览，死记硬背，试图把看到的都塞进脑子，这种做法不科学。科学的办法是确定一个恰当的材料范围进行分类积累，并在临考前对这些材料重新取舍、归纳和整理。

作为应试准备，积累材料的范围不可能是任意大的，不外乎学校生活、家庭生活和社会生活这三大方面。其中，社会生活侧重在道德修养方面。明确了这个范围，积累材料就会有所选择，而不是乱七八糟地全部收录。否则，如果积累的是一些未经筛选的"杂物"，临考时就不能迅速地确定该用哪些材料，只好在塞满"杂物"的仓库里翻检。

材料积累到一定程度会比较广博，应试前还要专门安排时间再做一番整理。可按记叙文和议论文两部分来归纳，每部分又按学校生活、家庭生活和社会生活整理，或每一类设计一个表格，用极简单的话把一些重要材料填入表格中。这样，对积累的材料就会有一个整体把握。记叙文部分的社会生活材料见表1。

表1 记叙文部分的社会生活材料

		人与人	人与社会
真	人事		
	意义		
善	人事		
	意义		
美	人事		
	意义		
假	现象		
	本质		
恶	现象		
	本质		
丑	现象		
	本质		

二是把握文体格局的准备。文体有好多种，每一种文体的基本格局都不一样，如果习作连文体特点也没有，肯定会彻底失败。各种文体的写法，一般可熟记三大文体各种类型的范文各一篇，把握行文格局，临考时做相应变通

就极顶用。如：

$$
记叙文
\begin{cases}
写人
\begin{cases}
多角度写人《我的老师》\\
抓片段写人《挥手之间》
\end{cases}\\
写事
\begin{cases}
一事到底《一件小事》\\
数事组合《谁是最可爱的人》
\end{cases}\\
写物　《记一辆纺车》\\
写景　《春》
\end{cases}
$$

$$
议论文
\begin{cases}
证明型议论　《谈骨气》\\
关系型议论　《怀疑与学问》\\
发挥型议论　《事事关心》
\end{cases}
$$

$$
说明文
\begin{cases}
具体事物说明　《中国石拱桥》\\
抽象事物说明　《人类的语言》
\end{cases}
$$

三是限时写作的准备。在平常的写作训练中，就要注意建立应试作文的时间观念，造成临考的紧迫感。中学作文，一般一次是两个课时，平常要养成当堂交卷的习惯，慢慢地再限定在一课时内完成，到临考前三四个星期，还可以将作文缩短到三四十分钟内完成，相当于模拟考试。总之，这种准备要求考生平时就要进入临考的竞技状态，习惯短时间作文，增强对特殊情况的应变能力。

再说程序进行。

如果有了充分的准备，考试时又能够按照作文答卷的最佳程序进行，应该说不可能有多大问题。通常而言，作文答卷的程序都是采取"五步法"。第一步，认真审题；第二步，妥善立意；第三步，拟写提纲；第四步，沉着行文；第五步，检查修改。以上"五步法"写作要求在本篇问答中已有阐述，这里从略。

十四　怎样选择叙述的人称？

所谓人称，是指作者在文章里的地位，也就是用什么身份、什么口气来说话。一般来说，叙述的人称有第一人称（"我""我们"）和第三人称（"他""他们"）两种。

我们接触到一些初学写作者，他们对叙述人称的选择是不怎么注意的，好像第一人称和第三人称都一样，碰到什么就是什么，这很不好。怎样选择叙述的人称？下面我们结合各自特点来谈谈。

第一人称是作者用当事人或见证人的口气说话，说的是"我"的经历和见闻。文章里的"我"，有的是作者自己，如《藤野先生》中的"我"就是鲁迅先生；有的则不一定与作者等同，而是文章里的一个人物，如鲁迅《一件小事》中的"我"。那么一定有人会问，文章里的"我"既然有的并不是作者自己，为何还要用第一人称来写呢？这是因为运用第一人称有一些独特的好处：一是能使文章显得真实，仿佛就是作者自己在同我们推心置腹地谈话，因而更感亲切可信；二是便于作者抒情议论，尤其是对"我"的潜意识层的种种内心活动，可以深入开掘，随意点染，取得较强烈的抒情效果；三是容易构思成篇，纷繁复杂的生活相对方便集中，以"我"为准，诸事归于一身。

就初学写作者来说，他们一般还不善于展开想象与联想，各方面的材料积累也比较薄弱，因而适宜选用第一人称来写作。先从自身的见闻感受入手，直叙其事，这样也容易写出"言之有物"的文章。许多著名的作家，当初便是以第一人称处女作闻名于世，走上文坛的。如鲁迅先生的《狂人日记》就采用了第一人称。

不过，第一人称也有它的局限。由于文章的内容全都通过"我"来展现，这样"我"没有看到、听到或感受到的东西就不好写，特别是对"我"以外的人物的内心活动，就很难直接揭示。

第三人称是作者站在他人的立场，用叙述他人事情的口吻来说话，把人物的经历、事件告诉读者。采用第三人称，"我"不在文章中露面，就可以任随作者的意图去表现，不受个人身份的约束。这样，作者就可以在比较宽广的天地里摄取众多的人物和事件，这又是第一人称所不能及的。当然，用第三人称也有它的弱点，至少不能像用第一人称那样富有抒写主观情意的色彩，一般诗歌和散文是不用第三人称的。

有没有用第二人称的文章呢？没有。因为作者永远也不可能处于第二人称，即听话人（"你""你们"）的位置上来说话。有些文章虽然出现了"你""你们"的人称代词，不过是为了使文章的叙述变得更亲切一些。从作者的角度来说，这仍然属第一人称写法。试想，没有"我"，也就无所谓"你"了。"我"是谁？当然是作者。

文章中的人称贵在一致，一般不宜随意变换，否则，处理不好就会造成混乱，影响内容的表现。有时根据需要虽可将两种人称结合使用，但应在适当地方做必要交代。

比如《谁是最可爱的人》中就多次变换人称，而且行文毫无破绽。在写作中，选用哪种人称最好，当然没有固定的公式，得根据内容和叙述方便来决定。

十五　为什么强调要"用您自己的话"写作？

要获得写作的语言工具，关键还在于运用，我们平时学习、积攒词语也正是为了这个。俗话讲："如水到口，冷暖自知。"学习语言也是这样，只有边学边练，不断接触语言难题，解决这些难题，选词造句的能力才能与日俱增。

初学写作，往往存在一个顾虑：心里有许多东西想写，但不知道怎样表达出来，总感到自己的语言不"美"，迟迟不敢下笔，把运用自己的语言写作视为畏途。不得已最后只好东拼西凑，勉强成篇。

有这样一个故事。俄国文豪高尔基，生在木工家庭，当过学徒、码头工、面包师等，对社会生活有比较广泛的了解，接触过各种各样的人，头脑里装满了写作的材料。在他初学写作时，有一次想写一首长诗，此前阅读了大量意大利和英国诗人的同类诗歌，于是用这些诗句拼凑起来，写成了《老橡树之歌》。高尔基觉得十分满意，把长诗送给著名作家柯罗连科看。柯罗连科读后却皱起眉头，对高尔基说："请您用您自己的话，写您自己看到的东西吧。"柯罗连科的话对高尔基好似当头棒喝，使他震动很大，他终于明白写作应该用自己的话的道理，便毅然烧了这首长诗，只留下"我到世界上来，就是为了不妥协"两句。因为这两句是他自己的，也是他自己性格的写照。后来，高尔基把这两句诗的精神体现在他的第一部小说《马卡尔·楚德拉》中，并试着用自己的语言来写，最后获得了成功。

这个故事，充分说明写文章用自己的语言非常重要。初学写作，运用语言最好不要顾这顾那，自己怎么想就怎么写。如果你要叙述一件事，这件事老在你心里打转，其他一切都准备好了，单等你用语言把它送出来，你就把它送出来吧。初学写作，自然也会有失败，我们不可能像母鸡下蛋那样一下一个。要勇敢地写出来，不成功，就勇敢地扔掉。用花轿抬出姑娘固然好看，初学写作好比穷人，把你的"姑娘"用牛车拉出来也是极美的。只要文章内容好，语言笨拙一些没关系，慢慢地就会好起来。有的人就是不敢用自己的语言，实在没有我们常说的"丑媳妇不怕见公婆"的那种勇敢精神，好像用自己的话写出来就不是文章。"鹦鹉学舌"，必遭耻笑。

强调用自己的话来写作，并非我们可以另造一套话。有人把"心情舒畅"说成"心情畅舒"，这就是生造，不允许。用自己的话来写作，是指用自己的话表现自己的情感。如果你的话能准确、生动、鲜明地表现主题内容，那就是你自己的话了，那就是创造。

十六　为什么说要"随类赋词"？

在《世说新语》中，记载有一段谢安、谢朗、谢道韫等人谈怎样描摹雪景的事情。谢安问："白雪纷纷何所似？"谢朗答："撒盐空中差可拟。"谢道韫接着说："未若柳絮因风起。"这里，谢朗说雪花纷纷像"撒盐空中"，谢道韫则说不如"风吹柳絮"，谁的好呢？

判别"撒盐空中"与"风吹柳絮"的好坏，不能离开当时的雪景。如是大雪飘扬，"撒盐空中"不可能有"纷纷"之貌，固不恰当；"风吹柳絮"，虽"纷纷"之貌已出，但"大"也未必。所以，"风吹柳絮"比"撒盐空中"似略胜一筹，究竟好多少，只有谢安知道。客观世界有各式各样的雪，也有各式各样的下法。如果是微雪轻飞，上下飘忽，那"风吹柳絮"的比喻就很形象；如果是下冰雹，从上直下，则用"撒盐空中"也未尝不可。

从上面这个故事可以得到这样一点启示：生活中的事物千差万别，我们要表现它，必须按事物的不同特点，是浓是淡，随类赋词。这一点，却往往被一些初学写作者忽视。特别是，目前有些人热衷于《语海拾贝》《描写词典》《写作辞林》之类的书，生搬硬套，上当不浅。

在这方面，中外名家名作为我们提供了很多典范。如鲁迅先生的《孔乙己》，当别人指出孔乙己"偷了何家的书"时，他争辩说："窃书不能算偷……窃书！读书人的事，能算偷么？"鲁迅先生写孔乙己说话，不用"偷书"而用"窃书"，这个"窃"字就用得很好，正是随类赋词，表现了孔乙己好卖弄学问的迂腐性格。

像"窃书"的"窃"这样的语言，孤立地看，既不玄虚，也不吓人，却又是最通俗最有力量的水晶一样的语言。唯其如此才能表现那个人物、那种情景，好像是板上钉钉，不能更易，这就是随类赋词的效果。有些人写东西，体会不到名著中那些语言都是为一定的目的服务的，往往片面地去追求字面的华丽典雅，结果难免出现种种牛头不对马嘴的笑话。

十七　如何克服运用语言的弱点？

初学写作，在语言运用上有一些共同弱点：一是词不达意，二是拖泥带水，三是"学生腔"。如何克服这些弱点呢？

习作中的词不达意、拖泥带水，固然牵涉到作者写文章各方面的修养，比如对所叙写的事物熟悉与否，所掌握的词汇量有多少，修辞、语法等基本功是否扎实等，然而，对一般习作者来说，以上写作基本功还是初步具备的，问题往往在于忽视字词的锤炼。

刘勰说，篇由段组成，段由句组成，句又由字词组成。所以，字词的选用，直接关系到句子的优劣，同时也会影响到段落甚至整篇文章的好坏。如果写文章，使一字一词都有它的用场，既不显得多余，也不显得牵强，就是语言运用的最高境界。这一点，有些人很不以为然，似乎觉得一字一词没什么，碍不了大事。这是不对的，我们要养成反复锤炼字词的好习惯。这个习惯的养成，最好是学着写点诗，尤其是写点旧体诗词。因为诗词的格律限制较严，会迫使我们懂得如何严谨地遣词造句，进而促使我们形成习作时也力求精简、准确，不厌其烦推敲的好习惯。

我国古代文人几乎没有不懂诗的，他们在读书时要学对"对子"，什么"天对地，雨对风，大陆对长空，山花对海树，赤日对苍穹"之类，这虽然学起来比较枯燥、烦琐，但的确可以受到严格的修辞训练。《红楼梦》的语言明白洗练，大家都佩服得五体投地，这恐怕与曹雪芹具有良好的诗词修养有关系。在现代文人中，鲁迅、田汉、郭沫若等，都写得一手好诗，我们应该从这些事实中悟出一些道理。

再说"学生腔"。什么是"学生腔"？比如古时的秀才爱用"之乎者也"，爱引用"诗云""子曰"的话。戏曲、旧小说里，往往讽刺秀才们的这个酸溜溜的劲儿，这恐怕就是古代的"学生腔"吧。今天，最容易看出来的"学生腔"，就是喜欢摆架子，光用一些好听的词语来装饰门面。比如："人类历史的长河永不干涸，龙的腾飞永无止境，让我们驾驭巨龙腾飞到仙山琼阁吧！"（习作《龙的腾飞》）再如："写文章要反复推敲，要以匠人琢玉之术，对文章大笔之修饰，去掉不切主题、多余杂碎的字句，增添生动且确切之语言，以使之达到主题明确之目的。"（习作《人之于文章，犹玉之琢磨》）如此等等，它们的一个最根本的问题就是没有多少实际的内容，不过是倚仗着一些空洞的词语来支撑，这就是"学生腔"的主要特点。

如何丢掉令人讨厌的"学生腔"呢？这要下一点狠心。首先，要从形式上丢掉"学生腔"的架子，不要动不动就是"自豪呀""幸福啊""之乎者也"之类。如果以为这样才有文采，才能显示出才学，那一动笔就会端起架子，殊不知这样的语言是多么苍白无力。其次，要多用短句子作文，这对我们来说也是很有必要的。我们平常说话，句子并不长，这可以说是汉语的一个特点。从修辞的效果看，短句子简明有力，写的人容易把握，看的人也容易理解。老舍先生就是这样做的，他即使写了一个较长的句子，也要尽量把它断开，这个经验值得借鉴。只有把短句子写好了，到有必要写长句子的时候，写出来才不至于出毛病。最后，也是最重要的一点，就是写东西必须有丰富的生活作为基础，动笔之前要有一种表现的欲望，切忌无病呻吟。无病呻吟势必会话不由衷，不得不去找一些不必要的词语来修饰。要表现某一事物，应该对该事物进行仔细的观察与研究，如果缺乏这一点，印象也不深刻，就不要硬写，再回过头来好好看看，直到看清楚了这个人、这个风景、这个事物，再用极简练的笔墨写出来。像宋代的周敦颐，对荷花就很熟悉，写了篇《爱莲说》，全文不过119个字，其中写荷花的句子"予独爱莲之出淤泥而不染，濯清涟而不妖，中通外直，不蔓不枝，香远益清，亭亭净植，可远观而不可亵玩焉"，可谓描摹传神，千古流芳。这样写东西，就不是"学生腔"了。

文艺鉴赏通用方法论略

文艺鉴赏方法是联系主客体的中介，或者说是实现文艺鉴赏的途径、手段与方式的总和。文艺鉴赏方法有共性与个性之别。共性方法属通用方法，适用于所有样式文艺作品鉴赏；个性方法属类型方法，是鉴赏不同体裁文艺作品的方法。本文按照文艺鉴赏的三环节和三阶段从全球视野展开论述，以期对鉴赏的通用方法有个宏观介绍。

一　围绕文艺鉴赏三环节的方法论

文艺鉴赏是一个由作者、作品和读者三环节共同组成的运动系统，三者相对独立，但又互为对象，彼此依存。

（一）以作者为核心的审美鉴赏

一切文艺作品均是作者创作的产物，是作者人生的投影。俗话"文如其人"，即表明了作品与作者的密切关系。以作者为核心的审美鉴赏，要求鉴赏者以追寻、重建文艺作品的作者原意为根本目标，以此形成的种种鉴赏方法，统称为作者鉴赏理论。

1. 孟子的"以意逆志"与"知人论世"法

我国文艺鉴赏方法的自觉是从孟子开始的。"以意逆志"是孟子与弟子咸丘蒙讨论《诗经·小雅·北山》时提出的。他说："故说诗者，不以文害辞。不以辞害志，以意逆志，是为得之。"① 对于"以意逆志"法的理解，孟子强调的是以整个作品的文辞之意去领会诗人之志。他之所以提出"以意逆志"，即在于规范解诗行为，并力求符合儒家思想。这里的"意"只能是作者之意，如将它解释为读者之"意"，就明显不符合孟子原意。

要从作者的文辞之"意"去领会诗人之"志"，实际上并不容易。意在我，志在他人，读者鉴赏完全与作者吻合很难。对此，孟子又提出"知人论世"说，指出："颂其诗，读其书。不知其人可乎？是以论其世也，是尚友也。"② 不论是读诗还是尚友，以世知人，由人知诗，或从诗知人，进而推想作者原意都十分必要。

2. 赫施、却尔等的作者理论

传统解释学的作者决定论，在西方文艺鉴赏史上有起伏，到20世纪六七十年代，美国学者赫施、却尔等人将这一理论推向顶峰。

赫施在他《解释的有效性》和《解释的目标》等著

---

① 《孟子·万章上》。
② 《孟子·万章下》。

作中，进一步明确以作者为中心的文艺鉴赏理论。他说：
"阐释者的基本任务是在自己的内心对作者的'逻辑'，他
的态度，他的文化素养，总而言之，他的世界进行再造。
因为尽管这个核实过程是极端复杂和困难的，其基本核实
原则却是非常简单的，是对演讲题材的想象再造。"①

我们该如何准确地"想象再造"作者的原意呢？赫施
提出按照作品"含义类型"去追寻的办法，指在作品类型
所允许的意义范畴中进行鉴赏。即某一作品首先必须属于
一定类型，其次它又从属于一定流派和风格，然后再确定
作者是何时创作、怎样创作的。通过这样一层层"含义类
型"的限定，对作者原意"想象再造"会比较容易。

赫施之后，美国另一学者却尔又提出"唯一正确"这
一著名论断。认为文艺作品"只有一个唯一正确的解释"，
即"作者的意图"。②确定"作者的意图"，却尔的方法是
求助于"外部证据"和"内部证据"。前者指作者日记、
笔记、信件及谈话等，后者指作品特点，即作品的语言、
结构和表现手段等。

文艺鉴赏作为一种具有高度创造性的精神活动，聪明
的接受者不仅对恢复作者原意不感兴趣，更不会把"作者
的意图"定为一尊。赫施、却尔等人的作者决定论给我们
的启示是，文艺作品的意义有其客观性，不要使文艺鉴赏

---

① 胡经之、张首映主编《西方二十世纪文论选》第3卷，中国社会科学
出版社，1989，第444~445页。
② 参见〔美〕P. D. 却尔《解释：文学批评的哲学》，吴启之，顾洪洁译，
文化艺术出版社，1991，第9、39页。

陷入相对主义的泥潭。

3. 弗洛伊德的精神分析法

此法开启了文艺鉴赏与批评的另一领域，其实质是对作者意蕴的深层探原，即认为作者原意潜藏在连作者自己也察觉不到的无意识底层。弗洛伊德是奥地利著名心理医生，他不仅将一种精神病学理论拓展为普通心理学，而且将它扩展为一种世界观或一种哲学方法，并广泛应用于宗教、伦理、政治、语言学、人类学，尤其是文学艺术等广袤的领域，从而构成当代最具影响力的精神分析文艺学方法流派之一。

其精神分析法的理论基础有三个。一是无意识理论。认为人类精神活动的大部分是无意识的，就像冰山一样，人的心理结构主要的重量和密度隐没在意识层下面。二是性本能理论。认为人的一切行动从根本上讲都由性欲本能驱动，弗洛伊德把这种精神力量称作"力比多"，即性能量。三是梦的理论。对梦做出了独特阐述，界定梦是无意识活动的真实区域。梦的工作就是通过凝聚、移位、畸变等过程完成对潜意识本能欲望的改装。

如同整个精神分析学说一样，精神分析文艺鉴赏与批评自问世以来也一直受到多方面的严厉指责。然而，精神分析法作为一种独具特色的文艺学方法，其重要贡献任何人也无法抹杀。

第一，开拓了一种心理学文艺学方法。如果过去人们习惯的是宏观历史学和道德学的传统解释法，那么精神分析法则是一种微观心理学解释方法，把文艺看成作者内在主体的表现，倡导从个体的心理结构和经验去鉴赏，这对后世的心理学文艺学方法产生了深远影响。第二，无意识理论为我们更好地理解文艺活动和文艺作品提供了一种全新的鉴赏角度。例如，弗洛伊德在对古希腊悲剧《俄狄浦斯王》的分析中，认为国君的儿子俄狄浦斯杀父娶母表面上写的虽是人类意志和命运的冲突，但实际上它所表现的是人们童年时代所产生的杀父娶母的无意识欲望。弗洛伊德后来还把这种"俄狄浦斯情结"扩展到莎士比亚的《哈姆雷特》等，认为它们正是精神变态性压抑的"俄狄浦斯情结"的反映。无论如何，这种分析开拓了文艺鉴赏新视界。第三，为进行深层心理学研究提供了某些值得借鉴的方法和手段，如弗洛伊德提出的"症候法""象征破译法"。他认为作者的无意识往往在文艺作品中表现出各种症候，如省略、歪曲、空白、朦胧、回避、夸张、悖逆、失常等，通过对这些症候的分析可探求无意识深处的真实本质。而"象征破译法"要求接受者毁坏艺术的表层结构，回溯和复原创作的初始无意识的动机，破译其象征意义。同时，弗洛伊德还为这种破译提出了一系列规划和密码。

4. 荣格的原型方法

荣格的原型方法理论是西方精神分析学说的重要组成部分。他曾是弗洛伊德的高足，后来因为感到老师的精神分析法路子太窄而与之分道扬镳。

荣格原型方法的核心内容主要体现在如下两点。第一，发展了弗洛伊德的个人无意识理论，宣称这种无意识具有表层与深层两个层面。前者为个体无意识，后者则是由于精神遗传而为人类大家庭全体成员所共有的原始"集体无意识"。第二，对"原型"术语的重新界定，是在对康德"把原型还原为有限的几个知性范畴"的扬弃上逐步完善的。[①] 荣格强调的原型，是人类远古祖先生活经验类型复现的"原始心象"，且都在人类"集体无意识"中继承下来，并表现在神话、宗教和文艺中。荣格讲的原型实际上就是"集体无意识"的"遗传形式"，有所谓再生原型、死亡原型、巫术原型、受难原型、上帝原型等。

原型作为文艺鉴赏与批评的一种方法，其重要贡献在于使我们认识到作者与原型的深层联系，以便于将文艺作品放到整个人类文化领域去理解，去鉴赏，并通过对"原始心象"反复出现于现代艺术这一事实的探幽发微，揭开人类深层心理的奥秘。运用原型方法，切忌照搬这些原型的阐释，只是简单地将鲜活的文艺作品还原为种种原型，而应当将整个作品放在具体情境中，并合乎逻辑地证明需要采用原型方法时如此解释才有意义。

（二）以作品为核心的审美鉴赏

这是对作者理论的反拨，它把作品视为独立自足的客体对象，其意义完全凭借一定的符号与结构自然生成，与作者、读者无关。由此总结出的各种鉴赏方法，我们则统称为文本理论。相对而言，我国的文本理论滞后许多，基

[①] 参见林骧华等主编《文艺新学科新方法手册》，上海文艺出版社，1987，第477~481页。

本上没有形成有影响力的文本理论方法流派。这与我们长期遵循的"重道轻文"文化传统有关。

1. 俄国形式主义方法

这种文艺鉴赏与批评方法，发源于 20 世纪初的莫斯科和圣彼得堡。该方法主要把鉴赏重点放在文艺作品的形式上，认为作品以外的东西无关紧要。该派别活动时间不长，但其方法论因不断被当代文艺鉴赏新流派重新阐释而得到了新拓展。

该方法的基本特征大致有三：一是强调文艺的自主性，这构成了形式主义流派的理论基础；二是高度肯定文艺作品形式而否定内容，认为艺术内容与形式的传统二元论不批倒、不摧毁，就会阻碍文艺科学的真正建立；三是注重从现代语言学的角度去研究文学，从而推动了语言学和文学的共同发展。俄国形式主义流派的诞生是文艺鉴赏与批评从作者中心向作品中心转移的第一个突出标志，它对文艺作品艺术美的创造与魅力的探寻的促进作用不可低估。但是，将文艺与生活完全割裂开来必然行不通。

2. 英美新批评方法

这是继俄国形式主义流派之后又一以研究作品形式为主的文本理论流派。于 20 世纪 20 年代诞生于英国，于 30 年代形成于美国，其主要代表人物有英国的瑞恰慈、艾略特和美国的兰色姆、韦勒克等。

英美新批评方法的最大贡献在于进一步发展了作品本体论方法。一方面，在形式与内容问题上，英美新批评方法放弃了形式一元论观点，提出了形式与内容平行的二元论，形式有自己的美，与内容无关，但内容毕竟是文艺不可或缺的一个要素。另一方面，对于作品内部构成的分析更精细，并形成了所谓的"细读法"。韦勒克、沃伦在《文学理论》中指出："我们必须首先尽力探讨用以描述和分析艺术品不同层面的方法。这些层面是：（1）声音层面，谐音、节奏和格律；（2）意义单元，它决定文学作品形式上的语言结构、风格与文体的规则，并对之做系统的研讨；（3）意象和隐喻，即所有文体风格中可表现诗的最核心的部分，需要特别探讨，因为它们还几乎难以觉察地转换成（4）存在于象征和象征系统中的诗的特殊'世界'，我们称这些象征和象征系统为诗的'神话'。由叙述性的小说投射出的世界所提出的（5）有关形式与技巧的特殊问题。"[①] 按照这个路子赏析，探索作品深层的艺术奥秘便成为可能。

3. 结构主义方法

此方法是在俄国形式主义流派影响下于 20 世纪 60 年代初从法国开始兴起的，以要求文艺鉴赏与批评者根据以索绪尔为代表的现代语言学所建立的明确模型来对艺术作品进行结构分析而著称。

该流派不仅强调文艺作品的鉴赏与批评要排除作者意图、读者感受，而且和其他很多文本理论流派一样，认为

[①] 〔美〕雷·韦勒克、奥·沃伦：《文学理论》，刘象愚等译，生活·读书·新知三联书店，1984，第 165 页。

作品与社会生活、历史时代等毫无联系。同时，结构主义者还宣称"人的统治结束了"，文艺接受者也必须泯灭自我，排除外因干扰，将文艺作品的结构真正看成第一性的，而作品所发出的信息与意义则并不重要。结构主义者认为，作品不是现实生活的真实反映，也不是作者的经验世界，而是一个在内部关系上自足的、自我决定的结构，只要揭示出这种结构，作品意义不言自明。

该方法致力于从宏观上探寻各类艺术作品的结构模式。结构主义者对这些模式的探寻与总结可能各不相同，但注重结构、注重揭示深层结构模式是一致的。如巴尔特的《叙事作品结构分析导论》，将作品分为功能层、行动层和叙述层，以构建叙事类作品结构模式。艾丹·苏瑞奥的《戏剧场景二十万例》，又总结出戏剧情节的"六种功能的五种组合方式"，指出它们可以演化出 21 万种场景。托多罗夫在《〈十日谈〉的语法》中，将薄伽丘小说《十日谈》中的"逃脱惩罚"一类故事图解为如下公式：

X 犯了法→Y 要惩罚 X→X 力图逃脱惩罚→Y 犯了法，Y 相信 X 没有犯法→Y 没有惩罚 X①

这里所谓"语法"，同样也是指探寻作品所普遍存在的结构模式。无疑，该方法对当代文艺鉴赏与批评影响深远，给了我们许多启示，但也不可避免地存在和许多文本理论流派一样的通病。结构主义方法将语言学分析凌驾于

---

① 〔法〕兹韦坦·托多罗夫：《叙事体的结构分析》，胡亚敏译，《文学研究参考》1987 年第 3 期。

艺术分析之上，也极为片面。

（三）以读者为核心的审美鉴赏

与作者理论提出的作者单向传输、读者被动接受的传输方式不同，以读者为核心的审美鉴赏强调双向交流，并强调对作品意义的理解由读者来决定。然而，由于读者趣味的差别，以及鉴赏目的与切入角度不同，也便有种种不同的方法理论，我们把它们统称为读者理论。

1. "断章取义"与"不求甚解"

"断章取义"是中国春秋时期即开始普遍流行的一种鉴赏方法。它要求读者不顾及全篇意义或作品本意，各取所需，以明己志。《礼记·中庸》记载："《诗》云：'相在尔室，尚不愧于屋漏。'"孔颖达疏："记者引之，断章取义。"就是说，《中庸》截取《诗经·大雅·抑》篇中的两句诗，只用来表达自己的意思，并非原意。朱自清在《诗言志辨》中也曾举过一例，《诗经·野有蔓草》"原是男女私情之作，子太叔却堂皇地赋了出来；他只取其中'邂逅相遇，适我愿兮'两句，表示欢迎赵孟的意思"[①]。全是引诗解诗者自我发挥，与原作原意相去甚远。

与该法类似且影响较大的还有陶渊明在《五柳先生传》中提出的"不求甚解"法。他说："好读书，不求甚解；每有会意，便欣然忘食。"所谓"不求甚解"，同样强调不顾原作原意，唯求适己。但"不求甚解"往往被后人曲解，以为读书可以马虎，求个大概即可。陶氏是位十分

---

① 朱自清：《诗言志辨》，广西师范大学出版社，2004，第15页。

严肃的学者，他"不求甚解"是以"会意""忘食"为目标，追求以心相碰，主张有自己的真切体验。这是上品的鉴赏。

中国文艺创作美学历来强调"诗以言志""文以载道"，从而培养了一代又一代以读者为主体的鉴赏者。因而，中国读者理论相对较为突出，自"断章取义"法之后，又有"见仁见智""诗无达诂"等相继问世。清代学者谭献在《复堂词话》中提出的"作者之用心未必然，而读者之用心何必不然"，更是对读者权力的大胆肯定。至近现代，随着"五四"新文化运动对"民主"的高扬，读者权力意识进一步确立。鲁迅说，同一部《红楼梦》，"经学家看见《易》，道学家看见淫，才子看见缠绵，革命家看见排满，流言家看见宫闱秘事"①。从鉴赏的角度而言，读者的不同解释应当被允许。

2. 伽达默尔的解释学方法

该方法在西方思想史上源远流长，可追溯至古希腊。而解释学作为一种文艺鉴赏与批评的方法论流派，是20世纪60年代初在联邦德国形成的，创立人是 H. G. 伽达默尔，其代表作为《真理与方法》。

该方法对当代文艺鉴赏方法的启示有很多，它直接开启了接受美学的创立。要掌握解释学方法，关键是要真正把握解释学的三个概念，即"理解""解释""应用"，这

---

① 鲁迅：《〈绛洞花主〉小引》，《鲁迅全集》第8卷，人民文学出版社，1981，第145页。

是解释学方法的本真意义所在。

"理解"在伽达默尔那里至少表现出以下特点。一是理解的普遍性。人总是生存于一个意义的世界，理解现象遍及人与世界的所有关系，离开理解就谈不上存在。二是理解的历史性。历史性是一切理解的根本性质，也即理解不可能纯客观，它必然带有某种主观色彩，甚至构成偏见。具有偏见的理解活动，会使艺术产生新的意义，同时又在理解中不断得到检验与调整，从而弘扬合法的偏见，显露真理。三是理解的创造性。理解就是作品意义生成的过程，也是一个不断创新或推翻过去的过程，故理解也就具有了无限的多样性和创造性。

"解释"，就文艺鉴赏而言一般表现为两极：一极为作品本体解释学，注重追求文本原意；一极为本体存在解释学，不注重作品原意，讲求理解的主体创见。在客观与主观解释学之间，还可能有若干中间状态的解释学观点。伽达默尔注重鉴赏主体的积极参与，要求鉴赏主体注重从与社会和人的联系中探索文本艺术意义的倾向十分鲜明。

最后一个概念是"应用"。理解、解释和应用相互依存。应用是一切理解的组成部分，犹如理解总是释义一样。又因解释学强调鉴赏主体理解与解释的主观能动作用，所以鉴赏者的理解与解释就绝不会单纯重复别人已有的阐释，而是为了今天的应用。应用是联结理解与实践的中介，也是防止错误成见和误解的基础。

解释学方法通过展开理解、解释与应用这三维，明显拓展了当代文艺美学的思维空间。特别是，它突破了传统文艺学价值观，揭示出艺术作品具有永恒魅力和价值奥秘，不再将文艺作品视为一个封闭的纯客观的意义系统，为文艺作品的审美欣赏与艺术价值评价提供了一个全新的角度。但它过于强调主体理解的重要性，将其看作作品价值的决定性因素，又使得解释学方法具有极浓的主观色彩。

3. 尧斯、伊塞尔的接受美学方法

接受美学作为文艺鉴赏与批评领域的一种全新的方法论，在当代文艺研究中，起到了革故鼎新、拓展视界的作用。它于 20 世纪 60 年代初由联邦德国康斯坦茨大学教授汉斯·罗伯特·尧斯和沃尔夫岗·伊赛尔创立。尧斯的《文学史作为文艺科学的挑战》是接受美学学派的理论纲领。

接受美学方法的主要特点表现在以下几个方面。首先，改变了读者（接受者）在文艺鉴赏活动中的作用与地位。传统美学中的读者只是作品之外的一个被动存在，作品总是第一性的，读者的鉴赏永远是第二性的。接受美学相反，认为读者是作品意义得以生发的第一因素，是文艺鉴赏活动的主体，作品不是由作者独家生产出来的，而是作者与读者共同创造的结果。其次，其对文艺作品概念的理解与过去也大不一样。通常所说的文艺作品是完全独立于接受者而客观存在的认识对象。它的含义与价值是其本身所固有的，是超越时间和空间永远不变的。接受美学把文艺作品看成一个多层面的未完成的图式结构，认为作品意义具有未定性，而且必须靠接受者的鉴赏才能产生意

义。最后，接受美学把研究重点转移到接受者及其鉴赏活动，文艺活动就不再只是作者的创造活动，而是作者→作品→接受者的动力学过程，这就从根本上改变了传统美学的研究视野。

该方法仍然存在其自身的局限性。总体上说，它同 20 世纪其他读者理论一样，回避美的本质、艺术本质等根本问题，而将重心放在艺术的具体接受过程和心理形态的揭示上，较少论及作品艺术特征以及作家的创造活动，明显给人一种忽略文艺创作与作品本体研究的印象。

4. 费什等人的读者反应批评方法

这是 20 世纪 60 年代后在西方出现的又一文艺批评理论思潮。它主张把文艺批评的注意力从一部作品（作为一种已完成的含意结构）转到读者的反应（读者视读书页文本）上。其代表人物是美国的费什，其代表作《罪过引起的震惊："失乐园"里的读者》《自我消受的制品》，就是对美国先前流行的新批评派所主张的作品理论的反拨，从而确定了他在读者反应批评流派中的重要位置。

读者反应批评作为一种新的方法论，与其他读者理论诸如接受美学等，既有联系，又有不同。同样强调读者在文艺交流中的决定性作用，但读者反应批评侧重于研究读者在鉴赏时的反应差异，费什干脆把他的理论称为"感受文体学"。其主张作品文本的意义在读者的经验结构里，而不在文本结构中；读者是意义的生产者，文本自身不提供意义。所以，不论是从语言学角度还是从艺术学角度来研究作品整体，都不可能存在某种"唯一正确"的解。

读者反应批评主要研究以下几个方面：一是形成读者反应的主要因素是什么；二是文本客观提供的东西与读者个人的主观反应之间，从什么地方可以得出正确的结论；三是作品意义由读者决定，但因读者心理上积淀着一套人所共有的语言规则体系，又使鉴赏有了某种共同性，如"语言规则""读者群体"等都是这种共同性的表现。

读者反应批评的主要著作还有斯蒂文·梅罗的《什么是读者——反应批评》、沃尔特·斯拉托夫的《关于读者：论文学反应的多维方向》、诺尔曼·霍兰德的《文学反应的活力》等。他们的主张不尽相同，但都强调鉴赏接受和批评活动的读者主体性。

二　围绕文艺鉴赏诸阶段的方法论

读者鉴赏的心理过程，是从最基本的直觉阶段，经过体验与理解的再创造，再向更高级的认识阶段纵向发展的。围绕以上三个阶段（直觉→体验→认识），如何从不假思索地享受美（直觉）到高度融合地进行审美把握（认识），古今中外已总结出不少可资借鉴的方法理论。

（一）对艺术生命的直觉

1. 中国古代的"兴"、"悟"与"直寻"

中国古代没有"直觉"一词，即使在中国现当代的文艺理论著作中也很少使用这一概念，但这并非说中国人不重视艺术的直觉，不善于运用直觉方法进行艺术交流，只是中国人有自己的表达方式，如"兴""悟""妙悟""直寻"等，均属西方直觉的范畴。

"兴"，在中国古代文艺理论中包含两层意思：一是指诗的创作方法，即"六义"（风、雅、颂、赋、比、兴）中的"兴"；二是指诗的审美功能，也就是孔子说的"兴观群怨"之"兴"。事实上，以上两种"兴"都有直觉的意思在里头。"兴"既是一种技巧或手法，也是作者因物生情的艺术直觉过程，即古人常说的"兴会""神会""感物"等。这种"兴"，只有凭借鉴赏者直接感悟（直觉）才能获得。

"悟"，本是佛教用语，意指禅师大彻大悟、与道冥一的境界及达到这一境界的方法。在中国，最早借禅说诗的是严羽，他在《沧浪诗话·诗辩》中说："大抵禅道惟在妙悟，诗道亦在妙悟。且孟襄阳学力下韩退之远甚，而其诗独出退之之上者，一味妙悟而已。惟悟乃为当行，乃为本色。"这里的"悟"，明显具有顿悟性和综合性等直觉思维特点。严羽的"悟"，是基于诗的创作提出的，但诗以及其他艺术的鉴赏又何尝能离开悟？严羽之外，以禅喻诗，将妙悟这种艺术直觉能力看作最基本的艺术表现与艺术鉴赏手段的人不计其数。如范温说："识文章者，当如禅家有悟门。夫法门百千差别，要须自一转语悟入。如古人文章，直须先悟得一处，乃可通其他妙处。"[1] 宋代吴可

---

① 吴文治编《古典文学研究资料汇编·柳宗元卷》，中华书局，1964，第62页。

说："少从荣天和学，尝不解其诗云：'多谢喧喧雀，时来破寂寥。'一日于竹亭中坐，忽有群雀飞鸣而下，顿悟前语。自尔看诗，无不通者。"① 这些论述都在强调艺术直觉的重要性。

"直寻"，最初见于钟嵘《诗品序》，他认为古今很多胜语佳句，如"思君如流水""高台多悲风"等，"多非补假，皆由直寻"。陈延杰《诗品注》释"直寻"云："钟意盖谓诗重在兴趣，直由作者得之于内，而不贵用事。"可见，钟嵘所谓"直寻"即艺术直觉。

中国古代文艺理论中的"兴""悟""直寻""神会""感物"等都是对艺术直觉的不同表述。表面看来，"悟""直寻"等似乎都没有必然的道理，全在偶然机缘，故有"顿悟"之说。实际上，文艺鉴赏的"顿悟"并非无源之水、无本之木，而是有条件的。文艺鉴赏需要我们长期不懈地培养自己的感悟能力，只有这样才能常有对艺术直觉的机缘。

2. 西方的直觉理论

该理论创立于 20 世纪上半叶，创立人是法国哲学家柏格森，其代表作有《论意识的直接材料》（1899）、《形而上学引论》（1903）、《绵延与同时》（1922）、《思想和运动》（1935）等。这些著作被称为直觉主义美学作品。

柏格森本来是位哲学家，主要工作是用自己的哲学观点去解释一切，又用一切现象来印证自己的哲学理论。他

---

① 丁福保辑《历代诗话续编》（上），中华书局，1983，第 340 页。

的艺术直觉研究的哲学的核心概念为"生命的冲动",因此其哲学又叫"生命哲学"。其基本观点有:第一,生命是一种最直接、最真实的存在,是有机物;第二,生命是延续不断的过程,否则就是死亡和虚无;第三,经验或理性只能把握凝固的、静止的东西,而对生命的认识只能用直觉的方法。

该方法有助于清除我们和"实在"之间的障碍。生命的意向,是通过若干线条表现的简单运动,这种运动会逃避我们的视线,艺术家则希望再现这一运动,并通过艺术共鸣将自己投入这一运动中去。在柏格森看来,直觉是人类感知世界的能力和方式,文艺鉴赏也不例外,其成功与否取决于对直觉的运用得当与否。在柏格森之前,西方古代的直觉理论与中国一样,也没有一个明确固定的概念来表现。虽然在普洛丁、狄德罗、康德、谢林、叔本华等人的著作中,也经常谈到艺术直觉的某些特征与作用,但将这种非理性的直觉主义理论推向顶峰的还是柏格森。

柏格森之后,意大利学者克罗齐则是西方现代哲学史和美学史上另一个很有影响的人物。他的美学和艺术理论大谈直觉与形式,因而也被称为直觉主义美学。克罗齐的直觉理论,主要包括三个要点。一是直觉即表现。直觉是一种知识,但不同于逻辑理性的知识,它是一种"赋形",是对艺术或审美内在的精神品性的强调。二是对艺术自律本性的确认。把艺术归入四大思辨范畴之一,既完成了其美学体系,又确定了艺术的独立性与纯洁性,从而便规定了艺术直觉的内容,与西方现代主义艺术的"纯粹化"努力是一致的。三是将鉴赏力与天才通过艺术直觉统一起来。鉴赏者与天才的艺术家都必须靠艺术直觉来把握对象，所以鉴赏力与天才便在艺术直觉上获得了同一性。克罗齐还认为艺术直觉能力是人人都可具有的。

3. 格式塔美学方法

作为现代西方美学流派之一，它的正式创立是由德国心理学家韦特海墨、苛勒和考夫卡完成的。而格式塔之名，又来自奥地利心理学家埃伦菲尔斯的一篇论文《论格式塔性质》。所谓"格式塔"，是德文"Gestalt"一词的音译，英文译为"形式"或"形状"，中文译为"完形"，因而又叫完形美学方法。

该方法的基本思想是：文艺鉴赏的知觉不是诸感觉的总和，而是对整体的感知。整体先于部分并决定部分，这样才能显出结构性和整体性。事实上，文艺鉴赏中的直觉也正是鉴赏主体对作品做出的整体性反应，它所获得的顿悟和美感具有格式塔性质。所以，格式塔美学方法，对于深刻认识与掌握文艺鉴赏的直觉颇具启示意义。

第一，该方法的重要主张是"知觉完形"。埃伦菲尔斯在《论格式塔性质》中，第一次提出了音乐的"格式塔性质"，意指音乐乐曲的音响总是具有音响原本不具有的新性质。类似的情况，在绘画、舞蹈、影视以及文学等的鉴赏中普遍存在。如对一幅画的鉴赏，并不是欣赏它的线条和色彩，而是欣赏这些线条和色彩等组合而成的整个艺术有机体，它绝妙的意境与神韵是氤氲于整个画面中的。一件优秀的艺术作品就是一个生气灌注的格式塔。运用这种格式塔美学方法，应注意对艺术作品的整体感知，不能对它的内部分支进行孤立的观赏。第二，该方法还总结出了"异质同构"的审美特征。他们从物理"场"的概念出发，认为人也有心理"场"，这两个"场"相互作用，形成"心理—物理场"。那么，知觉也是一个"场"，一个完形。物理现象有动力结构，人的意识经验也有相似的动力结构，从而也就决定了精神现象（或审美鉴赏）与物质存在有"异质同构"的关系。

文艺作品作为现实世界的反映，人们会对它产生美感，感受到"活力""生命""运动"等性质。这些性质，主要并不在于联想作用，也不在于想象和推理，而是直接感知的结果，或者说是"异质同构"的反映；同时，又从另一个全新的视角，揭示了在艺术作品、自然现象与人的知觉活动之间存在一致的力的作用模式，说明艺术品和自然物都与人一样，是活生生的有机生命体。

格式塔美学代表著作，还有韦特海墨的《关于运动知觉的实验研究》、苛勒的《价值在实际世界中的地位》、考夫卡的《艺术心理学问题》、阿恩海姆的《艺术与视知觉》、埃伦茨韦格的《对艺术视觉与艺术听觉的精神分析》等。

（二）对艺术情感的体验

文艺鉴赏过程的第二个阶段是对艺术情感的体验，体验是主体（人）带有强烈情感色彩的、活生生的、对生命之价值与意义的感情把握。能不能体验、如何体验，牵涉文艺鉴赏的质量与水平，并一直受到中外文艺鉴赏学家的密切关注。

1. 中国古代的"活参"与西方的移情理论

对文艺的鉴赏不能从逻辑推理的角度去掌握与学习。在中国，很早就有人将艺术看作别一种精神产物。严羽《沧浪诗话·诗辩》说："诗有别材，非关书也；诗有别趣，非关理也。然非多读书、多穷理，则不能极其至，所谓不涉理路、不落言筌者，上也。""不涉理路，不落言筌"，正是文艺与非文艺的根本区别。根据文艺的这一特性，中国古人便总结出"活参"的鉴赏方法。曾季貍《艇斋诗话》记载："后山（陈师道）论诗说'换骨'，东湖（徐俯）论诗说'中的'，东莱（吕本中）论诗说'活法'，子苍（韩驹）论诗说'饱参'。"这里，已涉及对诗艺要有特别理解，"活参"亦随即得到后人普遍认同。

"活参"，即要求鉴赏者对艺术情感进行深入体验，让自己的心灵完全沉浸到作品的艺术境界里，并调动主体情感的动力作用，融会贯通，从而达到对作品的真切体验。

西方不讲"活参"，但对"活参"中的核心问题——主体情感的参与——特别关注，并产生了影响深远的"移情"理论。

"移情"理论代表人物是德国美学家里普斯。他在《空间美学和几何学：视觉的错觉》一书中以希腊建筑道芮式（Doric）石柱的观赏为例来说明"移情"：一方面，仅从力量、运动、活动、倾向等来观照对象所引起的主体"耸立上腾"（从纵直方向看）和"凝成整体"（从横平方向看）的感觉，这可谓"机械的解释"或物理的解释；另一方面，以人度物、化物成人的"人格化解释"，将自己心中的意象和感受移入石柱上面去了。"在我的眼前，石柱仿佛自己在凝成整体和耸立上腾，就像我自己在镇定自持和昂然挺立，或是抗拒自己身体重量压力而继续维持这种镇定挺立姿态时所做的一样。"① 据此，颜色可以获得它的性格和人格，音乐亦可获得它全部的表现力，人的肉体外貌成了他们内心生命的表征。可见，"移情"的特征，即鉴赏主体与鉴赏对象在情感层面的同一，对象是主体生命的体现，主体又在对象里观照到自我，并生活在对象里。

应当说，文艺鉴赏中的"活参""移情"等都是我们必须具备的心理功能与方法，它是沟通主体与客体的桥梁。然而，我们也没有必要夸大主体情感移入的作用，或者仅以"移情"去解释文艺美的根源和本质，显然这不符合辩证唯物主义的思想。

2. "距离说"与"出入法"

文艺鉴赏也不可一味只注意情感的移入，将作品中的生活与现实生活完全等同，其结果也许不堪设想。为了摆正鉴赏主客体之间的关系，英国心理学家布洛提出了"距离说"，其成为西方现代美学中最有影响力的审美心理学说之一。

布洛"距离说"的要点，即认为审美鉴赏需和现实生

---

① 转引自《古典文艺理论译丛》第 8 册，人民文学出版社，1964，第 41 页。

活、实际目的保持一种距离，美感是"超脱"实际人生，忘掉实用功利，用"纯客观"的态度去观赏孤立绝缘的客体对象的。在布洛之前，康德、叔本华等也有过类似的观点。康德认为美感不涉及实际利害关系，主张以"纯然淡漠"的态度去鉴赏对象；叔本华认为美感的心理状态就是暂时摆脱现实世界的羁绊，以"静观"的态度去审美。可见，布洛"距离说"是对康德、叔本华上述思想的发展。

在中国，南宋学者陈潮溪也曾注意到审美鉴赏的距离问题。他说："读书须知出入法。始当求所以入，终当求所以出。见得亲切，此是入书法；用得透脱，此是出书法。盖不能入得书，则不知古人用心处；不能出得书，则又死在言下。惟知入知出，则尽读书之法也。"① 这里所谓"求所以入"而"见得亲切"，近似于"移情说"；"求所以出"而"用得透脱"，又近似于"距离说"。但"移情说"只讲"入"而不讲"出"，"距离说"只讲"出"而忘掉"入"，二者都只抓住了真理的一面，不如"出入法"说得辩证。

3. 苏珊·朗格的符号学方法

该方法直接来源是德国学者卡西尔的文化哲学。其代表著作《符合形式的哲学》、《语言与神话》和《人论·人类文化哲学导引》等，为该理论奠定了坚实基础。美国学者苏珊·朗格继承并发展了卡西尔的符号学理论，她不仅翻译了《符号形式的哲学》，而且撰写了《哲学新解》、

---

① （清）王应奎撰《柳南随笔》引陈潮溪《新语》。

《情感与形式》和《艺术问题》等，将符号学集中地、全面地应用于艺术研究，从而完成了符号学的美学建设——"卡西尔—朗格理论"。

苏珊·朗格符号学的核心，用她本人的话说，即"整个作品的情感就是符号的'含义'，就是艺术家在世界中发现的实在，艺术家打算把它的清晰概念展示给自己的同代人的实在"[①]。实际上，这个体系的核心是一个"三位一体"的思想，可用如下等式表示：

$$作品的情感 = 符号的含义 = 世界的实在$$

在这个等式里，最重要的东西是"情感"与"符号"（或"形式"）这两个基本概念，这也是她把自己最有代表性的符号学理论著作定名为《情感与形式》的一个原因。苏珊·朗格发展了卡西尔关于艺术是一种"符号语言"的思想，把符号区分为推理符合和表象符号，前者用于科学分析，交流思想，后者用于艺术洞察，表现情感。在苏珊·朗格看来，文学艺术是如此恰到好处地将情感与形式这两个互相联系的不可分割的方面统一在一起：一方面是使情感意义得到显示的符号形式，另一方面是符号形式所表现的情感意义。

苏珊·朗格把文艺表象符号看作"特殊符号形式"，其特殊性主要表现在以下两个方面。第一，文艺的表象符号和它所表现的情感意义（或意味）是直接融为一体的，

[①] 〔美〕苏珊·朗格：《情感与形式》，刘大基、傅志强、周发祥译，中国社会科学出版社，1986，第267页。

任何一件成功的艺术品都像一个高级的生命体一样，具有生命特有的情感，如情绪、感受、意识等。而其他符号诸如语言符号则不同。词语本身仅仅是一个工具，它的意义存在于它自身之外的地方，一旦我们把握了它的内涵或识别出某种属于它的外延的东西，我们就不再需要这个词了。第二，文艺的表象符号不是诉诸像语言符号那样的"推理性形式"，而是诉诸另一种形式——"表现性形式"。"一种表现性形式也就是一种知觉的或想象的整体"，或者说表象符号的作用不是再现，而是表现。这种表现，即在于使主观经验成为供人观照的形式，它所表现的东西就是人类的情感。

关于符号学美学，在卡西尔、苏珊·朗格之前也有人注意到。黑格尔在《美学》中就曾把不同的艺术种类看成不同性质的符号，如建筑是"用建筑材料造成一种象征性的符号"，诗是用声音造成"一种起暗示作用的符号"。① 鲍列夫也说过："符号是艺术篇章最基本的元素，符号构成了艺术表述。"② 而卡西尔、苏珊·朗格的符号学美学，才算真正形成一门独立的艺术创作与鉴赏学科。

苏珊·朗格的符号学方法在欧美影响很大，它对文艺鉴赏的重要启示在于：文艺鉴赏必须从"特殊的符号形式"入手，认识这种符号的艺术特性十分重要。不理解这

---

① 〔德〕黑格尔：《美学》第 3 卷下册，朱光潜译，商务印书馆，1981，第 16 页。
② 〔苏〕鲍列夫：《美学》，乔修业、常谢枫译，中国文联出版公司，1986，第 489 页。

种"特殊的符号",也就不能理解由它所构成的艺术"幻象",或者说一种纯粹的直观物、一种意象,同时也更不能理解与"幻象"交融在一起的艺术情感。

(三)对艺术形象的多层认识

文艺主要通过艺术形象来表现生活。文艺理论说形象大于思想,意在表明艺术形象的内涵十分丰富。中国古代文论中经常强调文艺作品要有"象外之象""景外之景",要有"韵外之致""味外之味",要"状难写之景如在目前,含不尽之意见于言外"等,这对文艺鉴赏也提出了更高要求。要想成为作者的"知音",就得仔细领会作品的"味外味""言外意",对艺术形象进行多层认识。

1. 刘勰的"六观法"

这是中国最早论述如何全面鉴赏文学作品的方法论,见于《文心雕龙·知音》:"将阅文情,先标六观:一观位体,二观置辞,三观通变,四观奇正,五观事义,六观宫商。斯术既行,则优劣见矣。"可见,"六观"就是从六个方面对作品进行鉴赏分析。

"一观位体":位是安排的意思,体指体裁。"一观位体"也就是首先要观察作品是按什么体裁特点安排的,先要识体。"二观置辞":就是考察作品的语言技巧与艺术,是鉴赏的第二步。"三观通变":有继承,谓之"通";有创新,则谓之"变"。"变则可久,通则不乏。"了解作品继承了什么,又有什么革新,便可以对作品做出中肯的评价。"四观奇正":奇正是通变的深化。奇与正,是指作品在风格与手法上的特点。"五观事义"：就是看作品引用的事义是否贴切，是否能说明问题。"六观宫商"：宫商，本是古代五音中的两种乐调名称，这里指音律，即作品语言的音乐美。

以上"六观"，是对文学作品从内容到形式进行深入鉴赏的具体方法，与刘勰"披辞以入情""深识鉴奥"的鉴赏要求是一致的，至今仍有参考价值。

2. 社会历史研究法

这是按照社会、文化、历史背量去解释文艺作品的鉴赏方法，也是中西文艺学的传统方法。

中国自古以来就特别看重艺术家的修身、作品的教化作用以及接受者鉴赏作品时的功利态度，因而也就决定了社会历史研究法的存在。新中国成立以后的文艺鉴赏与研究，该方法更是长期居于主导地位，具有很深的现实土壤。西方自 19 世纪以来，随着义艺的社会历史功能日益突出，该方法也逐渐为人所重视并得到突出发展。社会历史研究法理论上渊源于孟德斯鸠的地理说、斯达尔夫人的文学与社会关系研究、黑格尔的理念演化论以及文化人类学的实证研究等。法国泰纳的《英国文学史》一经问世，他即被公认为是近代第一个文艺社会学家。他提出了种族、环境、时代三元素说，并以此研究文艺，对后世影响巨大。而在西方的文艺鉴赏与研究中，运用社会历史研究方法最有影响的则是马克思主义文艺批评，马克思和恩格斯的文艺思想已普遍成为中外社会历史方法论者的指导思想。

该方法主要内容与特点表现在三个方面。第一，从作品赖以产生的种族、环境、时代、宗教、风俗等一般文化状况研究作品。每一件文艺作品都是上述一般文化状况交互影响的结果，只有将作品置于其中去考察，才能真正发掘出作品的内在意义。第二，从作品赖以产生的社会结构（以生产力、经济基础为根本）研究作品。马克思对巴尔扎克《人间喜剧》的鉴赏分析就是运用这一方法的典型范例。第三，从作品所包含的道德意义研究作品。这在中国近代文艺美学中十分突出，它要求文艺作品具有教育感化功能，即所谓"经夫妇，成孝敬，厚人伦，美教化，移风俗"，其道德原则显然高于审美尺度。

该方法优势很明显，它善于通过作品深入理解其所产生的宏大的历史背景，并根据这一背景去鉴赏作品，发掘作品的社会历史美学价值，这无疑是其他方法无法比拟的。值得注意的是，运用这一方法还要依具体作品来确定，有些文艺作品并不一定具有明显的社会历史或道德价值。另外，还得注意将社会历史方法与美学的方法结合起来使用，不能不顾作品的艺术特点而一味地满足于空洞的政治分析。

3. 现象学研究方法

该方法在 20 世纪 30 年代前后兴起，其主要代表人物是波兰美学家罗曼·茵加登和法国美学家米盖尔·杜夫海纳。在他们的一系列现象学美学著作中，最具经典性的著作是茵加登的《文学艺术作品》和姊妹篇《文学艺术作品之认识》，及杜夫海纳的《审美经验现象学》等。

茵加登的现象学研究方法主要包括本体论、认识论和价值论三个方面。在本体论部分，他仅以文学来考察作为艺术的文学作品的结构特点，把作品分为四个互为条件、层层递进的基本层次：一是"语词—声音"层，二是"意群"层，三是"系统方法"层（图式化方面），四是意向性客体所体现的世界。这四个层次中的每一个层次都在整体中起作用，在最理想的情况下，这一整体达到一种所谓的"多音的和谐"。在认识论部分，茵加登强调文艺鉴赏主体的再创造作用，认为鉴赏者参与艺术创造活动，艺术创造中的许多不确定的区域有待鉴赏者在鉴赏活动中加以充实与完成。所以，他提出了"具体化"与"重建"的理论。"具体化"是鉴赏主体对艺术作品再创造的结果，它不仅是一种"重建"，而且是作品的完成及其潜在要素的实现。至于价值论，茵加登的重点则是试图建立艺术价值的结构系统。他把艺术品与鉴赏对象、艺术价值与审美价值做了区分，认为艺术品只有在被主体审美具体化时，才转化为鉴赏对象，艺术价值是由艺术作品内在属性所决定的，而审美价值则在主体进入审美状态时才具有。

杜夫海纳的《审美经验现象学》，是对茵加登建立的现象学方法美学的进一步拓展，将研究的重点由创作主体的"意向性"转向了鉴赏主体的"审美经验"，并详细从主体和客体有机统一的角度分析了审美对象与审美知觉的关系。杜夫海纳认为，审美要素是鉴赏者和鉴赏对象共有的东西。主体与对象相互作用，并在情感这个"节点"上结成审美经验，得到协调，进而实现统一。

现象学研究方法重要贡献是对文艺作品内在结构做出了独创分析，强化了文艺作品本体论结构审美特征，但现象学美学又不是纯粹的"作品理论"，它不仅重视对文艺作品结构的剖析，而且十分看重鉴赏主体的再创造，强调艺术作品只有通过被鉴赏才能得到最后完成。这种观点，与后来诞生的"读者理论"——接受美学的观点又是一致的。总之，现象学美学对文艺作品本体论结构特点精细而深入的分析，将有助于我们对艺术形象的多层认识。

应用文电脑写作研究绪论*

一　应用文电脑写作研究的现实意义

随着我国经济建设的飞速发展，各种信息的收集与快速传播已成为社会进步的直接力量，而尽管传播的手段日趋现代化、技术化，文字仍是今后信息的主要载体之一。所以，人们对应用文写作的需要就会显得愈来愈迫切。这一点，已在不少经济发达国家得到证明。现在的美国，各种就业人员招工都要考应用文写作；各类大专院校的课程设置，即使在理工院校，一、二年级也要普遍开设科技写作基础课程。他们如此重视应用文写作，正是因为其在信息社会是必不可少的。

---

* 本文原载于《语文学刊》1994 年第 6 期，收入本书时有改动。近年来，实用公文电脑写作数字化加密公章已开始普遍运用，期望本研究能结出更扎实的应用成果。

在应用文被人们广泛运用以及它与经济建设的直接关系中，其"工具"的性质已鲜明地表现出来。它既然是一种"工具"，就应区别于其他文章写作，特别是文学创作。我们都希望它能够被大家掌握，能够以最简明的形式来表达信息，能够以最快的速度获取、处理和传播信息。然而，就目前我国应用文写作研究的现状来看，最大的问题恰恰是应用文的"工具"特性并未引起人们足够的重视，甚至于面临被抹杀的危险。不少人热衷于研究应用文的源流、性质与分类，其基本结构一般又是文体界说加例文，种类繁多，不易区分。还有人甚至公开提出应用文写作也要有创造性，要写出丰富的情感，不能搞模式化，这使应用文内部构成更趋于复杂化。这样，也就使应用文不易为大众所关注和掌握，削弱了"工具"实用性、目的性强的特色。

另外，应用文作为一种"工具"也会随着科学技术的发展而变化，以求体现出"工具"的科学化和现代化。现代信息论告诉我们，文章写作是一种比较特殊的信息传递方式。它的信息就是它所传递的可供参考的经验知识，文章语言是传递信息的主要手段，通过语言文字的形态来加工、储存、处理信息，可以达到传递信息的目的。应用文有一定的模式，语言规范性很强，应用文写作充分利用电脑传递信息的机制便成为一种可能。

1994年1月12日《参考消息》载，俄罗斯专家戈尔东和哈尔梅尔说，在2022年前，机器、计算机（亦称"电脑"）将与人共生。这种情况对写作学的影响的确是现代人难以想象的。不过，就目前来看，写作与电脑联姻确实不是什么新闻了。在我国党政机关的办公室里，虽然电脑现在大都还只是停留在打字的层面，但在沿海有些城市，人们已经开始通过电脑来直接进行应用文写作。秘书、打字合二为一，既节省了人力，又大大提高了工作效率。就经济价值而言，其数字也十分惊人。有人计算，1983～1987 年，美国白领职员的工资额高达 6 万亿美元，但采用办公自动化（包括部分采用应用文电脑写作）后，节省开支 1100 亿美元。应用文电脑写作已显示出十分诱人的研究前景。

现代社会迫切需要应用文，应用文的研究要突出"工具"的特性，而应用文写作与电脑联姻又正是促使这一"工具"科学化、现代化的必然趋势，这就是我们进行应用文电脑写作研究的现实意义。

二　应用文电脑写作研究的基本问题

电脑写作的深入普及，使各类应用文严格而统一的内容程序与行文格式成为一种需要。比如美国人过去写信的格式有很多，单就信的正文而言，就有第一行缩进几格第二行起顶格，第一行顶格第二行起缩进几格以及每行都顶格等格式。现在有了电脑加入，他们写信一律采用每行顶格的格式，以提高写作效率和便于人们掌握。应用文不仅可以统一格式，在内容上也可以规定一定的程序。这样，我们就可以按照不同的应用文体设计出相应的电脑"软件"，然后就可以通过电脑像填表格似的十分方便地进行应用文写作。

应用文电脑写作，其基本问题是对各种应用文尽快研究出统一的内容程序与行文格式。否则，便不能设计出相应的有推广意义的电脑软件。这个电脑软件，是要将各种应用文按照不同体式纳入一个较为固定的框架中，需要时即可随时把其中任何一种再现在电脑屏幕上，从而遵照统一的格式依次填写。如果没有这个软件，电脑就只能限于打字，也就谈不上什么电脑写作了。

要推行应用文统一的内容程序与行文格式，阻力还在于人们对此尚缺乏清晰的认识。应用文写作应该尽可能客观化、简明化，还是应该主观化、复杂化？答案不言而喻。我们不能认为应用文写作一旦客观化和简明化就没有学问了，应用文能够被人们简便易行地直接应用到经济建设中去就是最大的学问。相反，那种繁文缛节、篇幅冗长、忽视实效的文章才是最没有用的。

应用文就是应用文，它必须受制于表述对象，只能进行客观被动的反映，具有明显的功利目的性。应用文写作追求的最高目标就是简明，而要做到简明最好的办法就是推行大家共同遵守的内容程序与行文格式。事实上，这一点目前已在部分机关公文中开始试行。1988 年，国家技术监督局曾颁发《国家机关公文格式》《发文稿纸格式》《文书档案案卷格式》三项国家标准，无疑对提倡公文的简明性起到了很好的推进作用。不过，这三项国家标准仅从形式上确定了大致的规范，对内容规范涉及太少，而公文的内容并不是不可以规范的。比如公文正文部分写作，其内容不论如何变化，一般都不超出如下四个方面：行文目的、具体要求、执行办法和情况介绍。同时，其中不少表达还存在一定的俗成性。全面推行应用文统一的内容程序与行文格式是完全可能的。解决了这个问题，应用文电脑写作就会发生质的飞跃。

三　应用文电脑写作研究的主要对象

我们所要研究的应用文，应是指机关、单位、团体或个人在日常工作与生活中办理公务以及个人事务所使用的具有直接实用价值和某种惯用体式的一种交际工具。现今人们对应用文的理解，有一种说法不准确、不鲜明，即认为只要是在日常生活、工作和学习中所应用的简易通俗文字都可称为应用文（如上海辞书出版社1979年出版的《辞海》就持这种观点），因此，那些在生活中常用的带有鲜明文学性的文体，诸如通讯、特写、传记及电视纪录片的解说词等均可包括到应用文或实用文这个范畴中来（如上海文化出版社1984年出版的《中国实用文体大全》就持这种观点），从而使应用文失去了"工具"的本质特性，这显然不恰当。

正是因为应用文有"工具"特性，我们才有可能提出电脑写作的问题，而非"工具"性文体（如文学作品）的写作则永远也不可能为电脑所代替。应用文电脑写作研究的主要对象应是那些"工具性"十分鲜明的文体，主要包括如下四类。

一是机关文书类。主要指命令（令）、指令、决定、决议、通知等国务院办公厅规定的十类十五种公文。

二是事物文书类。主要指布告、契约、合同、计划、条据、启事、申请书、经济活动分析、市场调查等事务性的文体。

三是规章文书类。主要指条例、章程、规定、办法、公约、制度等规章文书。

四是法律文书类。主要指诉状、授权委托书、辩护词、申请执行书、公证书、遗嘱等法律文书。

为使应用文电脑写作研究尽快见出成效，可以先从一些实用价值较高、惯用体式较为明确的文体入手。比如机关公文，由于目前已有一些较好的研究基础，就很容易推行实施，便于以点带面，逐步推广。

四　应用文内容程序与行文格式释例

所谓内容程序，是指文章内容排列的固定顺序。过去，我们较多地注意到应用文行文的格式而忽视了内容排列的俗成性，这不能不说是一个偏颇。而且，只有找到各类应用文内容的程序性，才能真正在很大程度上变主观为客观，方便电脑操作。所谓行文格式，则是指应用文排列的外部形式。下面，我们即以两种文体为例做一些具体研究，以期开拓大家的思路。

（一）机关公文中的"通知"

1. 内容程序

（1）标题。一般为《关于×××××的通知》。

（2）主送机关、单位或团体。

（3）正文。①开头。表明发文主旨。一般采取"根据式""目的式""陈述式"。②主体。根据内容可分段，也可不分段。一般采取"条列式"。③结尾。或号召，或祈求，或强调。最后根据具体情况选用结尾惯用语，如"以上各项，希遵照办理""希参照执行""希研究执行""希贯彻执行""希研究试行。试行中，有任何意见，请随时告诉我们"等。

（4）附件标题（如没有可略）。

（5）发文机关、单位或团体。发文时间。

（6）注释（如没有可略）。

（7）主题词。

2. 行文格式（机关文书格式通用）

代码 010101010 份号 000001 密级 急度

版　　头
发文字号
标　　题

（二）法律文书的刑事诉状

1. 内容程序

（1）诉状名称。标明"刑事诉状"四字。

（2）当事人（原告人与被告人）的基本情况。

（3）请求事项。①写明被告的罪名与犯罪性质；②请求依法给予被告刑罚；③如被告人的犯罪给原告造成物质损失，可要求被告给予赔偿，应写明具体数目。

（4）原告所诉事实与事由。写明时间、地点、动机、目的、手段、情节、结果七大要素。

（5）结尾。①惯用语"此致×××人民法院"；②具状人签名盖章；③具状的时间。

（6）附注。写明：①本状副本×份；②证物×件；③书证×件。

2. 行文格式

刑事诉状
原告人：姓名、性别、年龄、民族、籍贯、职业、工作单位、住址 被告人：姓名、性别、年龄、民族、籍贯、职业、工作单位、住址
请求事项：
事实与事由：
此致 ＿＿＿＿＿＿＿人民法院
具状人：（签名盖章） 年　　月　　月
附注：1. 本状副本　　份 　　　2. 证物　　　　件 　　　3. 书证　　　　件

应用文是一个很大的家族，要对每一种应用文体都研究出公认的内容程序与行文格式是一个十分艰苦复杂的过程。首先，需要广大写作同人达成共识；其次，还要有一大批扎实肯干的学者（包括电脑研究工作者）进行通力合

作与研究；最后，要有政府有关部门的支持，要能作为国家重点科研课题立项，组织集体攻关。如果有这样几条，我们深信应用文电脑写作走入每个办公室就不是一件遥远的事情了。

中国散文六大审美取向透视

中国散文，在其漫长的历史发展过程中，与外国散文比较，在传统审美取向上究竟有哪些自我特质？为了继承这些好的审美传统，细心提取其丰厚的艺术养料，以利于更好地创作与鉴赏散文，有必要对这个问题进行深入的研究。

中国古代、近代和现代散文，虽然其审美追求的重点和程度并不完全一致，但的确存在一些共同的趣味倾向。这种倾向或传统主要表现在尊用、明道、崇真、主情、重象和尚气六个方面。

一 尊用

散文的尊用观，是指人们对散文社会功用尊崇与看重的观点，这是中国散文传统审美观之一。历史上曾有"经世致用""匡世济时""有补于世"种种说法，都可归结到尊用观上来。

当然，凡文都不是"为艺术而艺术"的，世界上所有门类的作品都是为一定目的而创作，为人类自身生存、发展而服务的，古今中外概莫能外。比较而言，中国散文的尊用观自散文诞生之初就表现出来了，并具有鲜明独特的实用色彩。《汉书·艺文志》称："古之王者，世有史官。君举必书，所以慎言行，昭法式也。左史记言，右史记事。事为《春秋》，言为《尚书》。"这里的"记言""记事"，实际上是指广义的散文，它为当时氏族部落首领或君王所专有，其实用目的十分明显。郭预衡先生指出，中国最早的散文——殷商时代的"甲骨卜辞"，"就是从巫卜记事开始的"，"殷人非常迷信鬼神，每作一件事情都要占卜。这时的记事文字，主要是记录卜辞"。[①] 有感而发，为记事而作，这些卜辞显然是实用型的极朴拙的远古散文。

中国早期散文的尊用特质自然要影响散文的发展，而且随着社会生活的日益丰富，散文记言、记事的社会功用也愈加增强，并形成一条明晰的审美线索。至汉魏六朝，散文尊用的观点便被正式提出来。东汉王充《论衡·自纪》说，文章"为世用者，百篇无害；不为用者，一章无补"，即明确提出散文要"有补于世"的尊用主张。到后来，刘勰《文心雕龙·序志》也上承传统，认为"唯文章之用，实经典枝条，五礼资之以成，六典因之致用，君臣所以炳焕，军国所以昭明"。再往后，各个时代基本上都

---

① 郭预衡：《中国散文史》（上），上海古籍出版社，1986，第13页。

反复强调先秦两汉六朝散文家的尊用传统，虽具体口号不尽相同，但尊用的主要精神一致。

中国散文尊用的主要内容，有以下两点特色。

一是以"善"为散文之大用。我们知道，一切文学作品都要讲究真、善、美的统一，但从东西方的审美传统看，西方侧重于美与真的结合，中国则更注重美与善的统一，而且又以善为最先。仅从造字的角度来分析"美"，就不难发现"美"是从属于"善"的。许慎《说文解字》云："美，甘也，从羊从大。羊在六畜主给膳也。美与善同意。"在许慎看来，美与善同义，美的含义包含在善中。事实上，这种美善相兼的思想早在孔子那里就已有明确体现。《论语·八佾》中有这样几句记载："子谓《韶》，尽美矣，又尽善也；谓《武》，尽美矣，未尽善也。"据郑玄注，《韶》是颂舜的乐曲，舜以尧的禅让而得天下，并以文德致太平，故孔子称赞《韶》美，骨子里头就是推崇舜之德政；《武》则是歌颂周武王以武功平天下的乐章，其曲虽美，但内容上不符合孔子主张的仁政，故《武》美而不善。这就是说，文艺作品既要讲美，更要讲善，而且应把善放在第一位。中国散文美学中的尊用传统，实际上也就是这种美善相兼、以善为先思想的反映。

二是强调散文的教化作用。如前所述，中国散文发端于实用，起初是直接用于占卜或史官的记言记事的，散文的这一实用性质到后来则上升到教化功能，政治教化成了散文的最大实用性。甚至有人认为散文应"以立意为宗，

不以能文为本"①，把散文看成"经国之大业，不朽之盛
事"②。散文的政治教化作用已成压倒一切的审美标准，散
文艺术美则降到次要的位置，这倒是值得我们注意的另一
问题。

二　明道

"文以明道"，这是几千年来被人们极为推崇的又一审
美观，在中国散文发展史上产生了极其深远的影响。不
过，"文以明道"中"道"的含义，则是中国古人长期争
论的问题。概而言之，主要有两种观点。一是以刘勰为代
表的"自然之道"的观点。他认为文章是自然之物，就像
龙凤虎豹、云霞草木一样自有其美，并不是什么别的力量
"外饰"上去的。所谓明道，就是要明自然之道。③二是以
孔子、荀子为代表的"儒家之道"。早在《中庸》中，就
有"道之不明也，我知之矣"之类的话，这里的"道"
是指孔子极为推崇的以仁爱治天下的政治理想。"文以明
道"，就是要用文章来宣传儒家之道，这也是在中国文坛
一直居统治地位的文艺思想。

无论从哪个角度来理解"道"、强调"道"，我们认
为都有其积极的一面，也有其消极的一面。刘勰主张文章
写作是人类自身生活的必然产物，是人类发展内在规律的

---

①　（南朝梁）萧统：《文选·序》。
②　（三国）曹丕：《典论·论文》
③　参见（南朝梁）刘勰《文心雕龙·原道》。

自然体现，这无疑是正确的唯物主义的观点，而且给后人以很大启发。不过，刘勰把文章写作与自然界无意识的现象混同，这又陷入了自然主义的泥潭。清代的章学诚纠正了刘勰关于"道"的偏颇。他在《原道》中说："道者，万事万物之所以然，而非万事万物之当然也。"在《文史通义·说林》中，他还说："观于孩提呕哑，有声无言，形揣意求，而知文章著述之最初也。"章学诚认为，文章是随着人的变化而自然产生的，是人类社会实践的必然结果，从而更准确地阐明了文章产生的原因。

一般而言，中国古代散文美学中的"明道"，多指儒家之道。要评价这一主张，当然还得从儒家之道本身谈起。我们知道，儒学以"文雅"为风貌，以"仁爱"为灵魂，在维护社会稳定、培养良好仁德精神等方面值得肯定。但是，儒学将社会阶级关系"血亲化"，将"人伦"关系植入政治统治中，则又给社会留下了许多弊病。所以，这里对"明道"就要做具体分析了。

同时，过去讲"明道"，还往往将"道"与"文"割裂开来，一味强调"道"的作用，这与片面追求尊用所带来的不良后果一样。客观地说，"明道"并没有错，问题是我们需要什么样的"道"，又怎样来"明道"。从散文创作的角度而言，作者应站在一定时代的前列，在散文中寄寓自己的理想，旗帜鲜明地表明自己的思想倾向。一切优秀的散文都不仅有"道"，而且有正确的"道"、先进的"道"。但是，我们又不能把散文写成政治教科书，而应将健康的思想内容与完美的艺术形式巧妙地结合在一起，重"道"亦重"文"。清人魏禧在《甘健斋轴园稿序》中说："文以明道，而繁、简、华、质、洪、纤、夷、险、约、肆之故，则必有其所以然。……文不如是，不可以明道。"这里所强调的正是要"文""道"兼顾，好的形式可以使内容得以充分表现，增强文章的感染力，因而我们要按散文艺术"必有其所以然"的规律进行写作，否则便不能很好地"明道"。

明道，必须通过好的艺术形式来表现；重文，其终极目的又是明道。在"文"与"道"的关系上，过分强调某一方面都是不对的。历史上只讲"明道"而阻碍散文健康发展的事例不胜枚举；相反，过于追求艺术形式美也会失去散文的社会审美功能，同样不可取。

三　崇真

崇真，是中国散文的另一审美取向，这与中国早期散文源于史官记言、记事有关。中国散文从一开始就属于应用型，而且当时并没有独立的文学观念，"文学"一词是指整个学术文化。《论语·先进》述及孔门四科，其中提到"文学：子游、子夏"，这是说子游、子夏承传了孔子文化典籍方面的成果，并非专指文学创作。两汉时期，随着辞赋盛行，文学与学术方始分化。所以，中国先秦的古典散文，都是文史哲不分的，也无所谓文学的虚构，基本上都是历史散文。这些散文，都直接作用于人类的生存发展，社会功用性很强，尊用首先必须崇真。

从先秦《国语》《战国策》《左传》等可以看出，这些散文都是当时生活的完全真实的记录。特别是在中国散文发展史上占有一席重要地位的司马迁的《史记》，更是为史学家班固誉为"实录"的典范。[①] 史官写历史，要敢于反映真实情况，这是历史写作的一条基本美学原则。在《左传·宣公二年》中，即载有晋国史官坚持书赵盾弑君事，并录孔子语："董狐，古之良史也，书法不隐。"这种良史的"实录"精神，一直作为中国散文的一大审美传统流传下来。

中国散文从先秦的杂文学中逐渐分化出来后，便被纳入文学范畴，与诗歌、小说、戏剧构成了文学的四大基本体裁。然而，散文始终以严格地写真实（并非艺术的真实，而是生活的真实）区别于其他文学体裁。王充就以"疾虚妄""归实诚"作为《论衡》一书的中心思想，大力提倡"铨轻重之言，立真伪之平"，"极笔墨之力，定善恶之实"[②]，为古代文论中的求实传统奠定了基础。三国时又有曹丕提出"铭诔尚实"[③]。晋代左思论赋反对"虚而无征"，主张"美物者，贵依其本，赞事者，宜本其实"[④]。南朝刘勰则指责"采滥忽真"的流行文风，把"事信而不诞"[⑤] 作为评论散文的重要准则。散文写真的取向可谓一脉相承，基本没有异议。

---

① 参见（东汉）班固《汉书·司马迁传·赞》。
② （东汉）王充：《论衡·佚文》《论衡·对作》。
③ （三国）曹丕：《典论·论文》。
④ （西晋）左思：《三都赋序》。
⑤ 参见（南朝梁）刘勰《文心雕龙》中《情采》《宗经》诸篇。

中国散文崇真的取向，不仅在理论上有一致的认识，而且在散文写作实践中也是基本遵循这一美学标准的。譬如柳宗元，他在散文《段太尉逸事状》中这样自述写作经过，"尝出入岐、周、邠、邰间，过真定，北上马岭，历亭障堡戍"，不仅向有关的知情人做了深入的调查访问，而且又从永州刺史崔能处"备得太尉逸事，复校无疑"，才执笔成篇。又如方苞写《狱中杂记》，其崇真的态度也很鲜明。他先听了洪洞县令杜某的介绍而生感慨，进而调查核实，故他在该文中说："余感焉，以杜君言泛讯之，众言同，于是乎书。"

不论怎么说，崇真作为中国散文的传统取向应被肯定。不过，在现当代也有人对散文的这一崇真取向提出质疑，甚至主张散文也可以像小说那样虚构。我们认为，如果散文也可以虚构的话，那实际上是丢掉了散文这一体裁。

四　主情

中国散文主情，强调作者独特情志的抒写，这也是为古今文艺理论家所一致赞赏的。当我们遍观那些优秀散文时，就会鲜明地感受到，它们无不饱含作者强烈的感情，充满浓郁的诗意。庄子《逍遥游》、宋玉《风赋》、王粲《登楼赋》、诸葛亮《出师表》、李密《陈情表》、陶渊明《归去来兮辞并序》、江淹《别赋》、韩愈《祭十二郎文》、归有光《项脊轩志》、张岱《西湖七月半》、龚自珍《病梅馆记》等，莫不如此。

中国散文主情源于诗歌"言志说"。"言志说"在先秦的典籍里多有记载，最早见于《尚书》。《虞书·舜典》说："诗言志，歌永言，声依永，律和声。"这里说的"志"，可能与当时祭祀的内容有关，还不一定就是指我们通常所说的作者内心情志。在《周书·旅獒》中，对"志"的理解就接近于一般说法了。"不役耳目，百度惟贞。玩人丧德，玩物丧志。志以道宁，言以道接。"将"德"与"志"并举，并与"耳目"的物质精神享受联系起来，这里的"志"当指人这一主体的道德情志。再从诗歌写作实践来看，《诗经》则又开辟了我国文学主情的航向，因而"诗言志"自然也就被后人称为中国诗歌美学的"开山纲领"①。以后的诗歌创作，基本上是沿着这条航道向前发展的。

《诗经》在表现风格上尽管富于变化，抒情言志却是所有诗歌创作的宗旨。其实，散文又何尝不是如此？关于散文的主情观，在晋代陆机《文赋》中已初露端倪。该文开篇云："伫中区以玄览，颐情志于典坟。"也就是说，写文章不仅要多观察生活，还要多从古籍中加强情志方面的修养。在陆机看来，写文章是不能离开情志的。这一观点，到刘勰《文心雕龙》中就表达得非常清楚了。他在《体性》篇中说："夫情动而言形，理发而文见，盖沿隐以

---

① 朱自清：《诗言志辨》，《朱自清古典文学论文集》（上），上海古籍出版社，1981，第190页。

至显，因内而符外者也。"诗以言志，文以传情，用词不一，含义都相同。虽也有人将"志"与"情"对立起来，但大多数人还是持情志统一观。唐代孔颖达说得更明白："在己为情，情动为志，情、志一也。"① 这样，散文主情的矩矱也便逐渐深入人心，从而构成散文美的一大特色。

如前所述，中国散文是从记言、记事的历史散文开始的。《汉书·艺文志》所说"左史记言，右史记事"，虽然还没有足够证据，也未必可信，但古代历史散文确有记言、记事之分。如《尚书》《国语》即以记言为主，《春秋》《战国策》又以记事为主。但无论是记言还是记事，所记内容都以政治说教和道德训诫为目的，只是显得比较平实朴拙，与"诗言志"的传统并无二致。六朝以后兴起的抒情散文和骈文，则彻底向抒情言志靠拢，以主情为己任，与诗歌一样，完全登上了注重表现主体情志这一符合艺术规律的正途。

中国散文主情表现十分突出。那些以直抒胸臆、陈述怀抱为主的散文自不待言，即使是在以记事、咏物或论说为主的散文中也无不以抒情言志为旨归。或寓情于事，或托物言志，或情理交融，在一字一词之中都倾注着作者的思想感情。特别是随着文学表现方法的丰富，唐宋以后的议论散文更是善于将自身融入论题，做到情真意切，理实思晰，既以理服人，又以情感人。例如苏洵《六国论》，文章旨在论述战国时六国对秦国斗争的政治形势，六国灭

---

① （唐）孔颖达：《春秋左传正义》。

亡的原因和历史教训，但作者并不是用纯客观的理论推理与分析，而是以情遣词，情理相兼，全篇贯穿着作者对六国破灭的惋惜与沉痛的反省之情。开篇作者即提出"六国破灭，非兵不利，战不善，弊在赂秦"的观点，然后通过两段设问作答的形式进行分析，最后以"呜呼"一词引出作者的感叹，总结全文，照应开头。如此论说，一气贯注，入情入理，显示出了议论散文主情的特征。

散文的主情，强调的是作者面对生活、从事创作的时候要充分发挥其主体意识，"以我观物"，使作品具有独具特色的情感美。这一审美传统，与我们民族的文化精神相一致。中国文化始终把人们对生活、对社会的伦理观照放在第一位。比如，被称作卜筮专用之书的古代经典《周易》，即把制作卜筮的基本符号"八卦"的目的规定为"以通神明之德，以类万物之情"①。孔子所提出的"兴观群怨"说更是凸显了诗文的社会功用，甚至"多识于鸟兽草木之名"也是为了"迩之事义，远之事君"。② 所以，上面谈到的言志、明道、主情等都是从诗文的社会功用出发，对主体意识的高扬。这一点，与西方的文化传统大异其趣。西方文学的发展是沿着亚里士多德倡导的"艺术模仿自然"的道路前行的。"模仿说"要求作者必须忠实于客观世界的原貌，以真实地模仿自然（再观生活）为审美追求，而作者对生活的审美判断则降到了非常次要的位

---

① 《周易·系辞下》。
② 《论语·阳货》。

置。所谓"艺术家不该在他的作品里面露面，就像上帝不该在自然里面露面一样"①的提法，正是西方文学尤其是西方写实主义文学思想的真实写照。西方文学的这一审美传统一直在他们的美学思想中占据支配地位，至少到 19 世纪都是如此。譬如，别林斯基还对这一传统做了发展性的解释，他认为："艺术是现实的复制。从而，艺术的任务不是修改，不是美化生活，而是显示生活的实际存在的样子。"②可见，他明确地将对生活的真实模仿当成艺术的第一要素。

基于以上中西方艺术美学的区别，已有不少论者把这一区别概括为"重表现"与"重再现"的差异。中国散文的主情，即是"重表现"这一美学传统的确切体现。

五　重象

一般而言，重象是指注重用意象来表达思想情感，这是我们祖先最早形成的美学观之一。先秦所谓"象"，原来都是"道"的物化形式。老子在《道德经》第二十一章中写道："道之为物，惟恍惟惚；惚兮恍兮，其中有象；恍兮惚兮，其中有物。"这里"道"的含义与前面提到的"明道"的"道"不尽一致。老子之所谓"道"，是哲学中

---

① 《福楼拜1875年12月给乔治·桑的信》，《文艺理论文学》第3期，人民文学出版社，1958。
② 〔俄〕别林斯基：《别林斯基论文学》，梁真译，新文艺出版社，1958，第106页。

万物的本体。但"道"的观念高度抽象化，如何把握？在老子看来，道虽超然，却总以恍惚的物象为存在的形式。"象"从诞生起，就是用来表达抽象的思想观念的。

古人把"象"作为表意形式，最早出现在《周易·系辞》中："圣人有以见天下之赜，而拟诸其形容，象其物宜，是故谓之象。""象也者，像也。"就是说，古人拟"象"的用意在于形容幽深抽象的自然事理。该书还说："子曰'书不尽言，言不尽意'，然则圣人之意，其不可见乎？子曰'圣人立象以尽意'。"这也是说，圣人的意图是通过形象的方式表达的。关于这几句话，王弼在《周易例略·明象》中做过精彩解释："夫象者出意者也，言者明象也。尽意莫若象，尽象莫若言，言生于象，故可寻言以观象；象生于意，故可寻象以观意。……象生于意而存像焉，则所存者非像也；言生于象而存言焉，则所存者非其言也。然则，忘象者，乃得其意者也；忘言者，乃得其象者也。得意在忘象，得象在忘言。"不论怎样看待王弼的这段话，有几点都比较明确：第一，"象"是表现人的思想情感的形式——"象者出意"；第二，要更好地塑造形象，非语言不可——"言者明象"；第三，要更好地传达人意，又非借助形象不可——"尽意莫若象"。这就把创作中的"意""象""言"三者的关系讲清楚了。它告诉我们，作者有了"意"要表达，就得借助恰当的"象"，寓意于象中，而要把"象"显现出来，最后又得寻求最精确的语言予以表达。在"意""象""言"三者中，"象"是绾合"意"与"言"的枢纽。所以，"重象"也就被作为中国诗文创作的审美特征提了出来。《周易》所使用的"意""象"成为后来重象观的渊源。

把重象观最早引入散文美学的，是晋代陆机的《文赋》，其中有云："恒患意不称物，文不逮意。"这里把"物"与"意"对应起来，"物"即含有物象之意。再往后，刘勰《文心雕龙·神思》则第一次提出"意象"概念："是以陶钧文思，贵在虚静，疏瀹五藏。藻雪精神，积学以储宝，酌理以富才，研阅以穷照，驯致以怿辞。然后使玄解之宰，寻声律而定墨；独照之匠，窥意象而运斤。此盖驭文之首术，谋篇之大端。"从此，"意象"一词也就代替了先秦"象"的概念，并在之后的文艺美学中广泛运用。

"象"也好，"意象"也好，其本质内容就是艺术形象。重象也就是重视艺术的形象思维，不能做呆板的理解。譬如说，那些写物、写景的散文，其寓意于象就比较明显；而那些记事的散文，又如何体现"象"呢？请读苏轼的《记承天寺夜游》：

> 元丰六年十月十二日夜，解衣欲睡，月色入户，欣然起行。念无与乐者，遂至承天寺，寻张怀民。怀民亦未寝，相与步于中庭。
>
> 庭下如积水空明，水中藻荇交横，盖竹柏影也。
>
> 何夜无月，何处无竹柏，但少闲人如吾两人耳。

对文中所涉及的一些物象，如"月色""积水""藻荇"

"竹柏"等，我们就不能从这些物象本身去寻找寓意，而应当从这些物象所构成的整体氛围中去体味作者初遭贬谪、闲居黄州时的那种隐隐幽怨之意。

重象不仅仅是指重视物象，在更多的时候可能是指重视形象思维，应把传统的重象观理解得宽泛一点，不然，对有些全然无"象"的散文就更不好理解了。

首先，重象，给人带来的美感常常是化虚为实，使那些看不见、摸不着的东西成为具象式的存在。所谓"山之精神写不出，以烟霞写之。春之精神写不出，以草树写之"①，是重象所采用的基本技巧。其次，散文重象还能给人一种朦胧美。如前文所述，其本来就是指"道"的本体的物化，恍惚中有"象"，此"象"如烟如雾，使人回味无穷。最后，散文重象多表现出一种画面美。因为散文的"象"比较注意内部的组合与联系，它展现给人的一般不是某个物象的孤立物，而是一种有立体感的多重组合的艺术图画，具有整体的美感。

六　尚气

崇尚气势，是中国散文美学又一突出的审美取向。方东树《昭昧詹言》说："气势之说，如所云'笔所未到气已吞'。"这是散文尚气的代表性观点。纵观中国古代文论，"气"这个概念可谓用得最为普遍。自《周易》开

---

① （清）刘熙载：《艺概》。

始，往后又有《淮南子·原道训》、《管子》、《孟子》、刘勰《文心雕龙》、曹丕《典论·论文》、王十朋《蔡端明文集序》、刘将孙《谭西村诗文序》、方孝孺《张彦辉文集序》等，再到清代刘大櫆《论文偶记》、姚鼐《答翁学士书》、魏际瑞《伯子论文》，无不从各个侧面谈到文气。从积极方面说的就有"生气""正气""和气""英气""精气""豪气""浩气""逸气""清气""奇气""异气""刚气""柔气"等，从消极方面说的又有"浮气""昏气""邪气""虚气""矜气""屠气""伧气"等，从中性方面说的还有"静气""血气""元气""体气""景气"等。由此可见尚气取向在中国散文美学中的重要地位。

究竟如何理解这个"气"呢？历来散文美学家说得颇为玄妙，比较费解，但总的说来可分为两大类。

一类是指自然之元气，即包括人的体气在内的"气"。《周易·系辞上》说："精气为物，游魂为变。"意即万事万物皆由自然元气积聚而成。《淮南子·原道训》有云："气者，生之元也。"王念孙疏曰："元者，本也。言气为生之本。"也是从这个意思上来讲的。既然如此，人也是自然之物，那么元气便包括人的体气了。如《管子·心术下》说："气者，身之充也。"《孟子·公孙丑上》也说："气，体之充也。"刘勰《文心雕龙》更是多处谈到"气"，一般也是从人的体气方面说的。《辨骚》："《卜居》标放言之致，《渔父》寄独往之才。故能气往轹古，辞来切今。"《才略》："枚乘之《七发》、邹阳之《上书》，膏润于笔，气形于言矣。"

另一类是指文章之气，是文章内容与作者的情感相融合，并借助语言形式表现出来的一种抑扬顿挫、高下合度的气势与气韵。最早明确把"气"与文章写作联系起来的是曹丕，他在《典论·论文》中说："文以气为主，气之清浊有体，不可力强而致。"但这里的"气"仍兼有体气的意思在内。明人方孝孺在《张彦辉文集序》中评韩愈的文章说："退之俊杰善辩说，故其文开阳阖阴，奇绝变化，震动如雷霆，淡泊如韶濩，卓矣为一家言。"苏轼在《文说》一文中评价自己的文章时也说："吾文如万斛泉源，不择地而出，在平地滔滔汨汨，虽一日千里无难。"据此，后人评韩愈、苏轼散文常用"韩潮苏海"加以赞誉，这就是从文气生动、富有气势的角度而言的。

实际上，自然之元气与文章之生气紧密相关，具有必然的内在联系。在作者身心为元气，把这种元气用语言表达出来就是文章之生气。散文尚气，一般也是从这两个方面来讨论的：一是主张内养身心的浩然之气，二是主张加强辞章修养。

韩愈在《答李翊书》中说："气，水也；言，浮物也。水大而物之浮者大小毕浮。气之与言犹是也，气盛则言之短长与声之高下者皆宜。"他在这里用水与浮物的比喻，把作者的身心元气与语言表达的关系讲得很清楚。这样，要写好文章就必须养气。比如苏辙在《上枢密韩太尉书》中说："以为文者，气之所形。然文不可以学而能，气可以养而致。"又说孟子的文章"宽厚宏博，充乎天地之间，称其气之小大"，是其"善养吾浩然之气"的结果。刘勰在《文心雕龙》中更列专章《养气》进行论述，详细地阐明了养气与文章写作的重要关系："吐纳文艺，务在节宣，清和其心，调畅其气，烦而即舍，勿使壅滞，意得则舒怀以命笔，理伏则投笔以卷怀，逍遥以针劳，谈笑以药倦，常弄闲于才锋，贾余于文勇，使刃发如新，凑理无滞，虽非胎息之万术，斯亦卫气之一方也。"认为"吐纳文艺"，必须"玄神宜宝，素气资养"，意即要"守气"与"卫气"。

然而，文章毕竟是"气之所形"，因此尚气的另一任务是加强作者的文辞修养。刘大櫆《论文偶记》说："音节高，则神气必高，音节下，则神气必下，故音节为神气之迹。"这句话又正好说明了加强作者文辞修养对于文气形成的重要性。谈到文辞修养，这方面论述比较多。如"修辞立其诚""言有序""辞尚体要""辞欲巧"等，都说明不能忽视辞章的修养。清人张裕钊在《答吴挚甫书》中说："文以意为主，而辞欲能副其意，气欲能举其辞。譬之车然，意为之御，辞为之载，而气则所以行也。"这就是说，"意"（内容）是一篇文章的根本，"辞"（语言）以副之，而"气"（气势）载其辞，形象地表明了文章内容、语言和气势三者之间的关系。

本文对中国散文的六大审美传统取向，仅仅做了一个粗线条的扫描，而且也不一定就只有这些。在漫长的散文发展史上，这些特点也是互为联系、各有消长的，但它们毕竟构成了中国散文美学的主流。

再谈戏剧艺术的审美特征[*]

一

戏剧是传统四种文艺样式之一，在中外文艺发展史上历来占据重要位置，当然也是学校基础教育一个不可分割的有机组成部分。不仅我国现行中学教材将《窦娥冤》《雷雨》《哈姆雷特》等剧本选入，国家教师资格证（中学）考试大纲也将戏剧艺术鉴赏知识和规律列入"综合素质"范围。

不同体裁的文艺作品均以其独特的审美特征屹立于世界艺术之林，能否抓住它的根本艺术属性，则是我们深入认识某种文艺作品的重要前提。然而，和其他艺术体裁相比，戏剧较多地吸取了诗歌、音乐、舞蹈、绘画、小说、

---

[*] 本文系对魏饴、刘海涛主编普通高等教育"十五"国家级规划教材《文艺鉴赏概论》（高等教育出版社，2004）之《戏剧艺术的审美特征》一文的重新思考和全新改写。

雕塑等多种文艺样式的优势，这就增加了我们探讨戏剧艺术审美特征的难度。正如英国戏剧专家阿·尼柯尔所说："在所有文学类型中，戏剧既是最特殊、最难捕捉的类型，又是最引人入胜的类型。"①

从我国而言，改革开放以后直到 20 世纪 90 年代，国外文艺新学科、新方法研究源源不断地被译介进来，极大地促进了文艺创作与批评的深入发展。百家争鸣，百花齐放，文艺园地呈现一派欣欣向荣的景象。关于戏剧美学研究，20 世纪 70 年代末，著名戏剧理论家和表演艺术家阿甲《戏曲表演论集》在上海文艺出版社再版发行。该著多篇论文从舞台实践和戏剧美学深度对中国戏剧之美做了大量有益探索，对我国新时期戏剧审美特征研究热潮的到来功不可没。随后，阿甲先生任中国京剧院名誉院长、中国艺术研究院顾问等职，他的新作《谈谈京戏艺术的基本特点及其相互关系》又于《文艺研究》1981 年第 6 期上发表，更是奠定了阿甲在戏剧美学研究方面的煊赫地位。1981 年 8 月 12 日，《人民日报》发表佐临的《梅兰芳斯坦尼斯拉夫斯基布莱希特戏剧观比较》；《文艺研究》1981 年第 4 期发表苏国荣的《中国古典悲剧的民族特征》；《中国社会科学》1981 年第 1 期发表杜书瀛的《李渔论戏剧的审美特性》；等等。客观而言，从阿甲 1979 年在上海文艺出版社再版《戏曲表演论集》开始，直到 20 世纪 90 年代

---

① 〔英〕阿·尼柯尔：《西欧戏剧理论》，徐士瑚译，中国戏剧出版社，1985，第 1 页。

末，我国文艺理论界对戏剧之美可谓进行了全面研究，或美在悬念，或美在演技，或美在冲突，或美在舞蹈，或美在声乐……戏剧之美还可数出很多，诸如剧诗美、绘画美、模仿美、变幻美、整体美等，戏剧简直就是美的荟萃，研究成果非常丰硕。问题是，我们这里要探索的并不是戏剧的这种泛美表现，而着重要回答的是：戏剧作为一种文艺样式的独具特征的美究竟表现在哪里？

或许阿·尼柯尔的提醒有道理。戏剧作为"最特殊、最难捕捉的类型"，本就需要人们持续地深入地进行比较和讨论才能接近它的审美特征的实质。然而，时至今日，社会经济发展以信息技术、科技革命、产业创新等为中心，文艺逐渐走向边缘似乎已成必然，戏剧更是如此。一方面，戏剧因受到创作和表演投入较大和演出场地的限制，更难为社会大众所关注；另一方面，戏剧还被称为"第七艺术"，人们往往从戏剧的不同侧面总结其特点，看似不无道理，结果我们回头再看，很可能令人失望。对此，我们应有足够准备。

《辞海》关于"戏剧"词条的解释为："由演员扮演角色，在舞台上当众表演故事情节的一种艺术。"[1] 应该说，这个释义比较好地抓住了戏剧艺术的本质，对我们探讨戏剧之美很有启示。第一，戏剧以演员的当众表演为基础；第二，表演还须以戏剧性的故事情节为内容；第三，

---

[1] 辞海编辑委员会编《辞海》（1979年版缩印本），上海辞书出版社，1980，第492页。

戏剧还要借助舞台并吸取舞蹈、音乐、绘画等其他艺术之特长。这对我们展开对戏剧美的研究，从而揭示戏剧艺术的独特表现力大有裨益。

回顾 20 世纪八九十年代人们对戏剧美学特征的探讨与争鸣，有几家观点倒是较能反映戏剧艺术的本真。

夏写时《中国戏剧美学浅探》一文认为："抒情性是我国古代戏剧一大特征。……另一个主要的审美特征是传神。"① 的确，抒情性，不仅突出地表现在戏剧文学中，还全面渗透到表演、音乐和舞美中；而戏剧又因依托真人表演，在剧本构思、人物塑造、舞台布局和唱腔设计等方面，演员传神的表演亦应是绝活。不过，凡艺术不都是以抒情为旨归吗？比如诗和音乐的抒情美恐怕也不在戏剧之下吧？至于传神特性，我国古代文艺美学又多指绘画之美，所谓"论画以形似，见与儿童邻"② 是也。或者戏剧抒情之美、传神之美也是事实，但是否应有更为准确的表达？

仇春霖主编普通高等教育"九五"国家级重点教材《大学美育》认为："在综合艺术中，任何单一的艺术成分都失去了它的独立性，而成为新的艺术品种不可或缺的有机组成部分。"③ 这告诉我们，正因为戏剧有综合性，如果不能从戏剧艺术的整体去思考其特征，就会出现"见木不

① 夏写时：《中国戏剧美学浅探》，陶蒂、詹慕陶、闻起选编《戏曲美学论文集》，中国戏剧出版社，1984，第 68～71 页。
② （宋）苏轼：《书鄢陵王主簿所画折枝》。
③ 仇春霖主编《大学美育》，高等教育出版社，1997，第 290 页。

见林"的误读。因此，该教材将戏剧审美特征归纳为两点：一是广泛而有机的综合性，二是以表现尖锐、集中的矛盾冲突为依归的表演性。这两个特点的确是戏剧艺术所独有的，很有道理，只是还不能充分地反映戏剧艺术之特征。

胡经之是我国文艺美学的首倡者，所著《文艺美学》也有专节探讨戏剧艺术的三个审美特征。该著认为："首先，戏剧是一种综合的舞台艺术。……其次，戏剧具有直观性和具体性特点。……再次，戏剧的本质在于它能够直接而集中地反映社会的矛盾冲突。"① 这个说法，又特地抓住戏剧艺术直观性或具体性的审美个性，很有见地。《辞海》说，戏剧是由演员在舞台上当众表演的艺术，这一点自然不能为我们所忽视。

对一种艺术的深入鉴赏，与人们对它的审美特征的准确掌握程度呈正相关。比如绘画讲传神，戏剧也少不了传神，但戏剧的传神就不仅带有表演的直观性，而且带有故事情节冲突激变的传奇性，确有其个性。受上述仇春霖等几种观点的启发，在魏饴、刘海涛主编的普通高等教育"十五"国家级规划教材《文艺鉴赏概论》中，则将戏剧艺术的审美特点概括为综合融通性、舞台直观性和冲突激变性。② 这个观点，既有对他人成果的借鉴，又是经过编写团队反复研究的集体的智慧，具有推介价值。但现在看

---

① 胡经之：《文艺美学》，北京大学出版社，1999，第334~336页。
② 魏饴、刘海涛主编《文艺鉴赏概论》，高等教育出版社，2004，第56~58页。

来，仍然可以再讨论。比如，它是否可以更加鲜明突出、客观全面？戏剧虽属综合艺术，但它毕竟以"演员当众表演"为根本，这是否应该予以明确肯定？我们将在下面详细报告近年来的一些新体会。

二

揭示综合艺术的审美特征，难点有二：一是必须正确处理综合性与独立性的辩证关系，前者应无条件服从于后者；二是全力从综合艺术生命的整体全面描述其本质，从更高一层的美学层次上，准确回答这个新的艺术生命是如何将视与听、时与空、动与静、再现与表现融于一身的。基于以上理解，我们对戏剧艺术的审美特征归纳如下。

（一）如同生活的可感可触的直观美

凡文艺均具有直观美，只是文学作品的直观美与舞台戏剧直观美的含义不一样。前者是通过语言等间接方式展现出来的文艺形象的实在性或具体可感性，通过接受者的配合才可感受到，表现为间接可感的直观美；后者则是指美的事物的可感可触的具象性特点，生活中的人和事均通过逼真的场景和真人的表演历历在目地呈现在观众面前，表现为直接可感的直观美。

戏剧审美的这种直观美，与现实生活相比，在很多情况下甚至有过之而无不及。舞台上的一切，无论是由演员直接扮演的人物形象，还是各种人物的行动过程以及由人物所构成的各种各样的场面与情景，包括人物行动的场所、背景等，都可变成众目睽睽之下的直观存在。尤其是人物的心理活动一般是无形而难以触摸的，但在戏剧里仍可让观众具体地去感受与把握。美国剧作家尤金·奥尼尔《琼斯皇》，采用贯穿全剧的一种音响——黑人的鼓声来表现主人公内心的惊恐与惶乱，便使人物隐秘内心外化了；美国另一位剧作家阿瑟·米勒的《推销员之死》，又以主人公威利的"心理时间"为线索，将他的幻觉、闪念、回忆、思考等心理活动借鉴电影的"闪回法""溶入法"等手段化为可见的舞台视觉形象，更值得我们注意。这种将人的眼睛无法看见的内心，赤裸裸地、形象地袒露在观众面前的方式，就使戏剧直观美比现实生活直观美显得更胜一筹。

早在戏剧的童年时期，亚里士多德就认为"悲剧"（当时的戏剧）"是对于一个严肃、完整、有一定长度的行动的摹仿……摹仿方式是借人们的动作来表达，而不是采用叙述法"①。强调对人物行动直观的模仿，而不用像小说那样的叙述，也就是强调戏剧要通过具体可感的动作来表达直观美。

从戏剧审美经验看，观众都愿意亲眼看到舞台上有更多的东西，而不大喜欢舞台人物叙述或介绍，这不正是受众对戏剧直观美的诉求吗？黑格尔也曾谈到戏剧的直观美，他说："我们近代戏剧作品大多数都没有上演，原因

---

① 〔古希腊〕亚里斯多德、〔古罗马〕贺拉斯：《诗学 诗艺》，罗念生、杨周翰译，人民文学出版社，1962，第19页。

很简单，它们根本不是戏剧。"因为受众"听到动作情节的叙述了，就要想看到剧中人物及其面貌姿态的表情以及周围情况等等。眼睛要求的是一幅完整的图景"。在这种图景中，剧中人"既通过富于表情的台词，又通过身体各部分的绘画式的姿态和反映内心的姿势和运动，把他们的意志和情感变成客观的（可以目睹的）"①。就是说，台词与动作相比，动作更为重要。有了动作，舞台上才会出现生动形象的直观美。

戏剧直观美的特点，决定了戏剧题材不论是反映现代的、古代的，还是将来的，甚至像荒诞派等现代剧作那样，只是表现一些纯属作者主观虚构的东西，都应该一一当着观众的面演出，一切都在观众眼前发生。张君瑞与崔莺莺的爱情故事，取材于唐传奇《莺莺传》，是一个相当古老的题材，但我们在剧场里面对舞台时，事情却好像就当着我们的面正在发生一样。从张君瑞赴京应试在普救寺巧遇崔莺莺，两人一见钟情，到最后张生与莺莺终结百年之好，事情原委，观众是真真切切地看着进行的。英国戏剧理论家马丁·艾思林谈到戏剧的这个特点时认为："……任何叙述形式都趋向讲述过去已发生而现在结束了的事件，那么戏剧的具体性正是发生在永恒的现在时态中，不是彼时彼地，而是此时此地。"②很明显，这些都是

---

① 〔德〕黑格尔：《美学》第3卷，朱光潜译，商务印书馆，1981，第271、274、269页。

② 〔英〕马丁·艾思林：《戏剧剖析》，罗婉华译，中国戏剧出版社，1981，第10页。

为了适应戏剧的直观美要求。在郭沫若《蔡文姬》第三幕中，蔡归汉途中乘夜深一个人来到父亲墓前，内心矛盾重重，痛苦万分，"倦极，倒在墓前，昏厥"了，此时，我们看到舞台上：

> （舞台暗转，渐渐转明，狗吠、人声、战鼓声由弱到强。逃难人群从两侧上，后被汉兵冲散，下。又有胡兵、汉兵接连冲过，蔡文姬、赵四娘同在逃难中，为胡兵所获。左贤王至，胡兵惊呼："左贤王来喽！"四散。）
>
> 左贤王：（问赵四娘和蔡文姬）你们是什么人？
>
> 赵四娘：我姓赵，赵四娘，（指文姬）这位是我的姨侄女，蔡文姬，我们是这陈留郡的人。

显然，蔡文姬在梦中对往事的回忆，仍是当着观众的面再现的。

当然，绘画、雕塑等文艺样式，它们所表现的艺术形象也为欣赏者即目可见。不过，戏剧直观美与绘画等艺术直观美仍有差别。一方面，戏剧不同于绘画等只再现一个静态的直观形象，而是表现一个动态过程，是对"有一定长度的行动的摹仿"，所以说，戏剧既是空间艺术，也是时间艺术；另一方面，戏剧的直观美还吸取了语言文学直观美的一些特点，不仅使观众对舞台形象有像对自然形象那样的直观美感，又能让观众在对人物台词的品味中获得一种间接的直观美感。在马致远的《汉宫秋》中，当昭君辞别正处于热恋中的汉元帝时，元帝悲痛不已，剧作家花了大量优美的抒情唱段来表现元帝此时的心情。我们看第四折中的《醉春风》和《尧民歌》两个唱段：

> 烧尽御炉香，再添黄串饼。想娘娘似竹林寺，不见半分形；则留下这个影、影。未死之时，在生之日，我可也一般恭敬。

> 呀呀的飞过蓼花汀，孤雁儿不离了凤凰城。画檐间铁马响丁丁，宝殿中御榻冷清清，寒也波更，萧萧落叶声，烛暗长门静。

显然，这里的直观美并不是在表面上可以感受到的，必须有我们品味诗歌的那种积极心理活动的参与。

戏剧艺术的具象实在感是多侧面的，正是在其多种因素——可感性、文学性、过程性、动态性、音乐性——的综合交融下，才呈现出富有特色的戏剧直观美。

（二）追求达意传情、形神皆备的表演美

我们既欣赏生长在田间原野的小草山花，也喜爱园林工人精心培育的花卉盆景。从美学上讲，这应是两种不同的美感境界，前者是纯属"天籁"的自然美，后者则是"天籁"与"人籁"相结合的修饰美。戏剧的表演美，与园林工人的花卉盆景同属于一种境界——戏剧表演家运用种种富有创造性的艺术手段，对生活动作加以提炼和加工，同时使其节奏化、韵律化、姿态化，而又不失其生活化，使之成为栩栩如生、达意传情的舞台形象——既是生活的，也是舞台的，因而可称之为"天籁"与"人籁"相结合的表演之美。

戏剧以演员的表演为中心。正因此，我们在剧场里常常也可以听到这样的议论："这个戏演得不错，演员的做功、唱功都很好。""戏演得很糟糕，某某的动作太不符合角色特点了。"这都是以演员的表演水平来衡量戏剧的好坏。事实上，一个剧本能搬上舞台，早已经过很多人的审阅与权衡，就剧本本身而言一般都可以，最终戏演得如何，其关键就在于演员表演。

戏剧艺术的表演美，确乎是其他艺术难以替代的。中国文艺史家谈到戏剧起源，认为可以上溯到"优孟衣冠"的故事。我们不妨看看这个故事的史料记载：

> 优孟，故楚之乐人也。长八尺，多辩，常以谈笑讽谏。……楚相孙叔敖知其人也，善待之。病且死，属其子曰："我死，汝必贫困。若往见优孟，言我孙叔敖之子也。"居数年，其子穷困负薪，逢优孟，与言曰："我，孙叔敖子也。父且死时，属我贫困往见优孟。"优孟曰："若无远有所之。"即为孙叔敖衣冠，抵掌谈语。岁余，像孙叔敖，楚王及左右不能别也。庄王置酒，优孟前为寿。庄王大惊，以为孙叔敖复生也，欲以为相。优孟曰："请归与妇计之，三日而为相。"庄王许之。三日后，优孟复来。王曰："妇言谓

何?"孟曰:"妇言慎无为,楚相不足为也。如孙叔敖之为楚相,尽忠为廉以治楚,楚王得以霸。今死,其子无立锥之地,贫困负薪以自饮食。必如孙叔敖,不如自杀。"因歌曰:"山居耕田苦,难以得食。……"于是庄王谢优孟,乃召孙叔敖子,封之寝丘四百户,以奉其祀。后十世不绝。①

这个故事是讲优孟不仅能歌善舞,长于讽谏,而且可以模仿他人,甚至到了真假难辨的地步。可见,优孟的确是一个十分出色的演员。人们之所以把"优孟衣冠"看成戏剧的起源(事实上戏剧的起源是多渠道的,这则是另外的问题),正是因为它最早记载了一个善于表演的"乐人"的故事。

古往今来,戏剧家对演员的表演技艺都极为重视。中国戏剧界有一句俗话:"台上一分钟,台下三年功。"意即演员们要想在台上哪怕是有一分钟的精湛的表演,也需要为此付出艰辛的劳动,甚至三年苦修。当然,演员的这种追求也并不是单方面的,而是与观众观赏戏剧的审美心理密切相关。试想,观众买票到剧场来难道只是为了听一个紧张曲折的故事吗?显然不是。况且有些戏剧的故事性并不很强,如歌剧、舞剧等。然而,它们仍能抓住观众,观众津津有味地欣赏的是演员的表演。

英国著名戏剧家马丁·艾思林说:"在活的戏剧里,

① (西汉)司马迁:《史记·滑稽列传》,中华书局,1959,第3200~3202页。

正是一种固定的因素（脚本）同一种流动的因素（演员）相融合的方面，使得甚至用同样的演员、布景和灯光等等演出一部上演了很久的戏时，每一次演出都是独具一格的艺术品。在中国的古典戏剧里，标准的脚本都很长，而且都是观众所熟悉的，往往只演出折子戏，因为观众对戏词都心里有数，他们主要是来看某些演员的表演。同样，我们的古典戏剧，特别是莎士比亚戏剧，成了我们评定演员的基础：我们看《哈姆莱特》已无数次了，因为我们都想看看斯科菲尔德的哈姆莱特同吉尔古德、伯顿、奥托尔等等的哈姆莱特有什么不同。"① 演员的表演是"一种流动的因素"，而一个剧本也只有靠演员的表演才能完全复活，每一次表演都将赋予剧本新的生命。

不同类型的戏剧，表演之美的形式与内容不一样。歌剧主要是以悦耳的歌曲与音乐来取胜；舞剧则是以优美的舞姿来叙述故事，传达情感，打动观众；戏曲又兼取众长，以精湛的"唱、念、做、打"的表演来显示其特色；话剧似乎没有什么表演之美，其实不然，话剧重在强调表演的生活真实，让观众在不知不觉的艺术欣赏中走进戏剧的真实。这对一个话剧演员来说并不容易，他在舞台上的每一个动作既是生活的，又是艺术的，不具有一定的表演基本功显然不行。格洛托夫斯基所倡导的"贫困戏剧"，就是把戏剧艺术的重点放在演员的身体动作上，对演员的

---

① 〔英〕马丁·艾思林：《戏剧剖析》，罗婉华译，中国戏剧出版社，1981，第 83~84 页。

表演提出了更高要求。早在 18 世纪，法国著名话剧演员克莱隆的演技确乎到了令人惊叹的水平。据说她专门研究过人脸解剖学，掌握了表演各种感情时必须牵动哪几块肌肉的纯技巧，她可以坐在那里一句话不说，只需用自己的脸就表达诸如爱、怒、恨、嫉妒、哀怨、痛苦、仁慈等不同的感情和这些感情的种种不同的细微变化。在《谭克莱达》一剧的演出中，人们看到她"在几个刽子手的牵引之下，闭着双眼，两腿微曲，两手无力地垂在膝上走过舞台的情景"，听到"她在看到谭克莱达时的惊叫"，连伏尔泰也抑制不住内心的激动而向狄德罗惊呼这种"不说话的表演之激动人心，有时竟能达到雄辩艺术所不能企及的程度"。① 这种表演之美，在戏剧诸美因素中的确占有突出的地位。

即便是同一类型的戏剧，在表演之美上也是奇葩竞放，各有千秋。就拿中国戏曲——京剧来说吧，它虽同属戏曲表演体系的范畴，表演风格上却自有其个性。梅（兰芳）派表演端庄、规范，唱腔不事雕琢，甜美大方；程（砚秋）派表演如行云流水，讲含蓄，重内心，动静合度，尤以水袖表演艺术的倏忽变化见称于世；荀（慧生）派表演深刻细腻，性格鲜明，出神入化，唱腔柔媚低回，丰韵传情；尚（小云）派表演则重豪爽、多英姿，与尚小云那奔放跌宕、刚健婀娜的唱腔艺术交映生辉；此外还有所谓

---

① 张守慎：《表现派和体验派的争论》，《戏剧报》编辑部编《"演员的矛盾"讨论集》，上海文艺出版社，1963，第 129 页。

马（连良）派、谭（鑫培）派、麒派（周信芳）、余（叔岩）派、裘（盛戎）派、张（君秋）派、盖（叫天）派、海（袁世海）派等，各派所具有的独特表演之美，的确是令中国观众引以为自豪的。

李渔说："仍其体质，变其丰姿，如同一美人，而稍更衣饰，便足令人改观，不等变形易貌，而始知别一神情也。"[1] 他说的"体质"喻指剧目、角色等不变因素，"丰姿"喻指表演。表演应像美人的衣饰一样，稍有变化就能给人"别一神情"的美感。当然，戏剧表演之美的种种细微变化，我们这里是说不完道不尽的。不过，即使从世界范围来看，戏剧表演之美仍是在变化中有统一，在统一中有变化。这样，如果有了对戏剧表演美的整体把握，对于那些统一中的变化，我们就不难掌握了。

（三）注重故事冲突激变、新巧迭出的传奇美

"奇"之为何？亦即特异、超常之谓也。把"奇"看成美的一个重要因素，在我国由来已久。早在先秦时期，庄子在他的《知北游》中就明确地说："是其所美者为神奇，其所恶者为臭腐。"此后，"神奇"之为美一直成为人们的一条重要审美趋向。毫无疑问，传奇美在艺术领域里普遍存在，并不为戏剧所独具，但戏剧的传奇美具有自己与众不同的鲜明个性。

"传奇"这个词，在我国古代曾作为小说和戏剧的特别称谓甚为流行。唐宋时期，出现了不少情节奇特、神异

---

[1] （清）李渔：《闲情偶寄》，单锦珩校点，浙江古籍出版社，1985，第66页。

的文言短篇小说，如《南柯太守传》《李娃传》等，"传奇"由此成为"小说"的代名词。它的最早出现，见于唐代裴铏编撰的小说集《传奇》之书名。后代的说唱和戏剧又多以唐宋传奇小说的内容为题材，这样宋元戏文、诸宫调、元人杂剧、明清戏曲等也常常以"传奇"为名。

如果传奇美在小说中是指情节的奇特，那么它在戏剧艺术里的表现则最为彻底，以至于成为戏剧艺术最为基本的审美特征之一，这与戏剧之规定的时间和有限的舞台且凭借真人表演的特性分不开。爱尔兰作家叶芝说："一切艺术分析到最后显然都是戏剧，这就是我喜爱戏剧的原因。"[①] 这里所说的"戏剧"，前后含义显然不一样，后者明显指通常含义的一种文艺体裁，前者则是指一种故事冲突激变的新鲜有味的传奇因素。叶芝之所以用"戏剧"这个词来说明一切艺术的基本内涵，正是因为戏剧这一体裁集中地、突出地体现了这一特色。

舞台尽管有大有小（据说世界上最大的舞台也不过面积 37×23 米，高 40 米，开口宽度 22 米），其空间毕竟十分有限。而且，演出时间也必须有所控制，拿我们现在的欣赏习惯来说，小戏一般以一小时之内为宜，大戏则不超过四小时。戏剧为了适应舞台的演出，就必须把纷纭复杂的人物、事件集中到一个或几个场面中来。人物、线索、场景、道具等都要求高度集中，因而也就决定了戏剧在剧

---

① 中国社会科学院外国文学研究所、外国文学研究资料丛刊编辑委员会编《外国现代剧作家论剧作》，中国社会科学出版社，1982，第43页。

情发展上常常表现为冲突激变、起伏跌宕、新颖独特的传奇之美。

阿·尼柯尔在谈到戏剧情节的特点时指出："……戏剧家经常利用一些可导致情绪上与心理上发生震惊的意外成分，而这些成分确是戏剧家构思情节的基础。……的确，我们几乎愿意说（而在这点上，我们又要接近于亚理斯多德的理论了），在任何一出戏里，大小震惊安排得越巧妙，越有力，这出戏就越富于强烈的戏剧性。如果说，一出戏没有观众与演员，可能是不可思议的；但一出戏如果没有以精心设计的许多情境为主要基础，同样也是不可思议的。那些情境（不同于叙事体小说所需要的情境）设计之用意，则是凭借其奇异性、特殊性与不落俗套进而感染、刺激和震动观众。"① 这里，他特别强调了戏剧情节必须令观众产生许多的"大小震惊"，这种能引起震惊的东西就是情节的"奇异性、特殊性与不落俗套"。无独有偶，早于阿·尼柯尔近三百年的我国清代著名戏剧理论家李渔也谈到了同样的见解："人惟求旧，物惟求新，新也者，天下事物之美称也。而文章一道，较之他物，尤加倍焉。……古人呼剧本为'传奇'者，因其事甚奇特，未经人见而传之，是以得名，可见非奇不传。'新'即'奇'之别名也，若此等情节业已见之戏场，则千人共见，万人共见，绝无

---

① 〔英〕阿·尼柯尔：《西欧戏剧理论》，徐士瑚译，中国戏剧出版社，1985，第 39~40 页。

奇矣，焉用传之？是以填词之家，务解'传奇'二字。"①他们都谈到了戏剧情节的"新"与"奇"，而"新即奇之别名"，戏剧的传奇美也便更为突出。

具体来说，戏剧传奇美有如下三项内容：一是急剧变化，二是奇巧迭出，三是新颖独特。

戏剧观众要求剧情始终不断地向前推进，这样才能使观众在嘈杂的剧场中坐下来进入屏息注视的鉴赏状态，品味剧情的急剧变化带给他们的种种不可预期的传奇美感。首先，这种传奇，由于时空限制，戏剧内容不得不通过浓缩，最大限度地使故事情节在改变或决定人物命运的"危机"中展开，戏剧也因此被称为"一场激变（危机）的艺术"。其次，有奇必有巧，有巧必有奇。古人云"无巧不成书"，在戏剧中更是如此。我国的戏曲，最善于利用奇巧的因素来编织剧情。《梁山伯与祝英台》女扮男装，《乔老爷奇遇》男扮女装，《秋胡戏妻》中夫妻不识等尽反其常，焉得不奇？巧合的例子更多。巧中有奇，奇中有巧，再加上误会，奇巧迭出，从而构成了趣味横生的传奇之美。最后，传奇美还须具有新颖独特之品格。李渔说"新即奇之别名"，这是很对的。无"新"便无"奇"，有"奇"必定"新"。一部《西厢记》，以"白马解围"为主线牵出张君瑞与崔莺莺曲折动人的爱情故事，表达了愿普天下有情人都成眷属的理想追求。《罗密欧与朱丽叶》，又

---

① （清）李渔：《闲情偶寄》，单锦珩校点，浙江古籍出版社，1985，第8~9页。

是一出异常新颖的爱情悲剧，作者将罗朱的爱情放在新与旧、明与暗、善与恶的广阔背景中来展现，并表现出前者必胜的美好心愿。故事虽是悲剧，但又时时充满喜剧气氛，悲剧因素与喜剧因素交织在一起，进一步增强了剧作的新颖性。

戏剧是一种直观艺术，它是一次性的，演员的表演与观众的鉴赏同时进行。观众在看戏过程中，不可能像读小说、散文那样断断续续、反反复复地品读，更不能倒过来看。如果想让戏剧顺利地根据既定的次序一场场地演下去，就必须突出传奇美。

（四）善于吸纳众艺之长于一身的综合美

没有哪一种艺术能像戏剧这样兼取其他众多艺术之长于一身，鲜明地表现出博大精深、多样丰富的综合之美。我们说戏剧为"第七艺术"，意即戏剧是在诗歌、音乐、舞蹈、绘画、小说、雕塑等六种艺术基础之上发展起来的，至少综合了以上六种艺术美感的特长。我们坐在剧场里，难道我们的审美不是一种全方位的立体感受吗？戏剧所塑造的舞台形象，它不像绘画只作为一种视觉艺术而存在，也不像音乐只作为一种听觉艺术而存在，更不像文学主要作用于读者的心理想象……它不仅存在于一定的空间，也存在于一定的时间，是需要鉴赏者调动视觉、听觉、触觉、味觉等多种官能去感受的一种艺术。

戏剧对文学的采撷比较明显，这主要体现在剧本上。剧本作为四种基本的文学体裁之一已经为人们广泛接受，而且世界各国都有大量优秀的剧本流传下来；同时，经典性的戏剧演出，几乎都以剧本为基础。文学的基本手段是语言，或是口头的，或是文字的，戏剧的文学性既体现在剧本上，也体现在演员的口头语言上。有的人物台词就是形象精辟的议论，有的甚至是意境优美的诗句。古希腊悲剧和莎士比亚的戏剧被人们看成诗剧，这与人物台词的诗化不无关系。

　　戏剧对造型艺术的广泛融入更为普遍。一方面，是人物舞台行动里的"亮相"——演员在演出中为追求特殊的舞台效果稍做停顿，形成一个静态的造型画面——它就像雕塑一样，能起到强化与凸显主旨情感的作用。即使在演员的动态表演过程中，仍然存在造型艺术的成分，静态的造型与动态的造型，它们在造型美的追求上应是一致的。另一方面，戏剧造型艺术还包括布景、道具、灯光、服装和化妆等，我们一般把它们统称为"舞台美术"，这里都含有造型艺术的成分。焦菊隐谈到舞台美术的作用时说："……一切为了表演，为了刻画人。舞台美术家的任务就是服从于这个。"[①] 可见，舞台美术从属于演员的表演艺术，是为演员塑造舞台形象服务的。比如，化妆与服装，都是人物外部造型的有机组成部分，是演员创造舞台形象不可缺少的辅助成分。布景作为戏剧空间的构成因素，主要是为人物展示具体的活动场景的，同时也可以烘托人物性格、渲染舞台气氛。道具常用来帮助演员表演动作，或

---

① 《焦菊隐戏剧论文集》，上海文艺出版社，1979，第205页。

成为环境陈设的一部分，甚至可能作为戏剧内容的一个重要写实物而存在。灯光则是戏剧的命脉，它不仅是创造舞台环境、烘托舞台气氛不可或缺的造型手段，也是表现舞台人物思想性格的方法之一。戏剧的种种造型成分都要服从于舞台主体形象——人物形象，这才是戏剧造型美的根本。

音乐美在戏剧综合美中同样不可忽视，尤其是对歌剧、舞剧和戏曲来说，音乐美是其存在的关键，往往是塑造舞台形象直接的和主要的艺术手段。音乐与形象，两者和谐地交融在一起，音乐借助形象更为优美、传神，形象凭借音乐又更为丰满、充实。在戏曲观众中，有一个值得我们注意的说法，他们讲"看戏"时往往是讲"听戏"的。另外，人们对京剧艺术流派也往往基于唱腔的不同风格来划分。可见，主要作用于听觉的音乐美在戏曲中占据非常重要的地位。歌剧本身就是一种音乐存在的形式，舞剧是载歌载舞的，离不开音乐的节奏。这几种戏剧形式，音乐美几乎成了综合之美中的"第一美"。

戏剧综合美包括的内容十分广泛。黄佐临说，话剧的综合美有如下七种成分：哲理成分、心理成分、文学成分、绘画成分、演技成分、舞蹈成分和音乐成分。事实上，话剧的综合美并不是只有这几种成分，还有诸如雕塑成分、服饰成分、灯光成分等。无可怀疑，戏剧的确是一项综合的美学工程，在众多的艺术形式中，唯有戏剧容纳了如此之多的各门艺术的特长，并把它们巧妙地组织成一个浑然的整体。马丁·艾思林认为："戏剧是最具有社会性的艺术形式：就它的性质本身来说，是一种集体的创造；因为剧作家、演员、舞美设计师、制作服装以及道具和灯光的技师全都做出了贡献，就是到剧场看戏的观众也有贡献。"① 这应是能为我们所接受的观点。

问题是，我们之所谓"综合美"，是否就是把其他艺术的一些特点随便拉来凑合在一起呢？当然不是。戏剧的综合美，应该是各种艺术成分经过有机融合而达到高度统一的内在结构。演员的表演之美在戏剧诸美中始终处于首要地位，其他都得从属此。否则，不仅会消灭戏剧的综合美，其他艺术本身也不会存在。如《蔡文姬》第三幕，当蔡文姬昏昏欲睡进入梦境时，全场切光，一片漆黑，再用微弱的中蓝光与粉光对比闪光，使文姬入睡的身影隐隐闪现。这时，舞台上又出现她梦境中的逃难人群场面，灯光则又是八条彩色光柱从舞台地板上向人群交叉横扫，光柱只扫射人们腿部。显然，灯光在这里的审美效果很突出，观众觉得这里的灯光处理之所以美，即在于前者闪光较好地烘托了主人公迷离恍惚的心境，后者光柱横扫又造成了兵荒马乱的战场气氛。如果离开演员表演的这一具体情境，闪光也好，光柱也好，只能给人一种支离破碎的感觉，还有什么美的意义呢？

美的对象都具有不可分割性，美是一个整体。戏剧的综合美，综合不过是一种方式，美才是它具体存在的形

---

① 〔英〕马丁·艾思林：《戏剧剖析》，罗婉华译，中国戏剧出版社，1981，第27页。

态。黑格尔说过："戏剧无论是在内容上还是形式上都要形成最完美的整体。"① 雨果也曾指出："美不过是一种形式，一种表现在它最简单的关系中，在它最严整的对称中，在与我们结构最为亲近和谐中的一种形式。"② 只有理解了这一点，我们才能正确地理解戏剧的综合之美。

① 〔德〕黑格尔：《美学》第 3 卷，朱光潜译，商务印书馆，1981，第 240 页。
② 〔法〕雨果：《〈克伦威尔〉序》，《雨果论文学》，柳鸣九译，上海译文出版社，2011，第 37 页。

图书在版编目（CIP）数据

新时代师范教育门外谈／魏饴著. —— 北京：社会
科学文献出版社，2019.12
ISBN 978 - 7 - 5201 - 5695 - 0

Ⅰ.①新…　Ⅱ.①魏…　Ⅲ.①师范教育 - 研究　Ⅳ.
①G65

中国版本图书馆 CIP 数据核字（2019）第 300616 号

新时代师范教育门外谈

著　　者／魏　饴

出 版 人／谢寿光
组稿编辑／恽　薇　冯咏梅
责任编辑／冯咏梅
文稿编辑／程丽霞

出　　版／社会科学文献出版社·经济与管理分社 （010）59367226
　　　　　地址：北京市北三环中路甲29号院华龙大厦　邮编：100029
　　　　　网址：www. ssap. com. cn
发　　行／市场营销中心 （010）59367081　59367083
印　　装／三河市东方印刷有限公司

规　　格／开　本：889mm × 1194mm　1/32
　　　　　印　张：9.875　字　数：203千字
版　　次／2019年12月第1版　2019年12月第1次印刷
书　　号／ISBN 978 - 7 - 5201 - 5695 - 0
定　　价／158.00元